Ruth Bleckmann
Soziales Verhalten im Kindergarten

W0245623

praxisbuch
kindergarten

Ruth Bleckmann

Soziales Verhalten im Kindergarten

Die Praxis der kleinen Schritte

Herder Freiburg · Basel · Wien

Einbandfoto: Hartmut W. Schmidt, Freiburg

Alle Rechte vorbehalten – Printed in Germany
©Verlag Herder Freiburg im Breisgau 1984
Herstellung: Freiburger Graphische Betriebe 1984
ISBN 3-451-20122-4

Inhalt

Einleitung

Mit diesem Buch soll deutlich gemacht werden, wie differenziert und umfassend die Aufgabe ist, die Erzieher übernehmen, wenn sie kleinen Kindern die ersten Schritte in das Leben in der Gemeinschaft außerhalb der Familie ermöglichen und erleichtern wollen.

Jedes Kind bringt aus der dem Kindergarten vorausgehenden Zeit eine mindestens dreijährige Lebenserfahrung mit, die geprägt ist von den Menschen, denen es begegnet ist, und von den Umständen, unter denen es mit diesen Menschen zusammen gelebt hat (Kap. 1). Erzieher und Eltern brauchen den Austausch über diese ersten Erfahrungen des Kindes, wenn ein Weg zu weiterem Erlernen sozialer Verhaltensweisen gesucht und ein Ziel für anstrebenswert akzeptiert werden soll. Es bedarf der Klarheit der Formulierung in der gegenseitigen Absprache, damit die pädagogische Arbeit im Kindergarten gelingen kann (Kap. 2/Kap. 4).

Für den Erzieher bieten sich im Laufe eines Kindergarten-Tages oder -Jahres viele Möglichkeiten an, die Kinder immer genauer kennen und auf sie reagieren zu lernen (Kap. 2). Für die einzelnen Kinder bietet der Kindergarten mit der Vielfalt möglicher Begegnungen innerhalb einer altersgemischten Gruppe und dem Zusammenwirken verschiedenartiger Erwachsener eine reichhaltige Erfahrung von unterschiedlichsten Kommunikationsformen (Kap. 3).

Das pädagogische Handeln des Erziehers orientiert sich einerseits an dem einzelnen Kind und an der Zusammensetzung der Gruppe, andererseits an den Zielen, die er für anstrebenswert hält. Darüber hinaus müssen alle

Erwachsenen, die während der Kindergartenzeit miterziehen, zu einer Auseinandersetzung über eine brauchbare Zielformulierung beitragen. Auf solche Weise soll dem Erzieher weder eine verlängerte Reihe von Zielen, noch überhaupt ein Katalog von abzählbaren Zielen angeboten werden. Vielmehr soll es darauf ankommen, die Erziehenden bei ihrer Zielfindung auf grundsätzlich mögliche Fragestellungen aufmerksam zu machen (Kap. 4).

Für die Arbeit mit 25 oder 30 Kindern zwischen drei und sechs Jahren, wird danach zu fragen sein, wie klein die Schritte zu diesem Ziel sein müssen, damit es sichere Schritte sind, denen schwierigere folgen können. Der Erzieher wird nach Formen des Zusammenlebens suchen müssen, die für die Kinder zu positiven Erfahrungen werden können. Er wird beobachten, wo sich Situationen für soziales Lernen „ergeben", oder wo er sie erst schaffen muß (Kap. 5, Kap. 6).

Dabei braucht er den erwachsenen Partner, dem er vor den Augen der Kinder begegnet, der mit ihm „Erzieherverhalten" reflektiert, damit das Modellernen der Kinder in die angestrebte Richtung gehen kann.

Erzieher brauchen ein „soziales Umfeld", in dem ihre Arbeit interessiert und kritisch gesehen wird (Kap. 7).

Alle Beispiele sind erlebte Begebenheiten. Sie können nur Ausschnitte möglicher Erfahrungen in Familien und Kindergärten sein. Sie sind nicht als Musterbeispiele (im Sinne von Rezepten) gedacht. Sie sollen jedoch aufzeigen, was Kinder und Erwachsene in verschiedenartigen Situationen erlebt und erfahren haben und welche Bedeutung solche Erfahrungen für die soziale Erziehung des Kindes haben.

Soziales Lernen fängt nicht erst im Kindergarten an und hört auch nicht im Kindergarten auf. Dennoch hat es hier einen hervorgehobenen Stellenwert, weil es erstmalig sozusagen unter den Augen der Öffentlichkeit geschieht. Was aber konkret geschieht, ist im Alltag des Kindergartens in vielen Fällen unscheinbar und bedarf deshalb der besonderen Hervorhebung.

Ruth Bleckmann

1 Drei Jahre Lebenserfahrung

Eine Tasche mit Proviant für einen Vormittag; die Hand eines Kindes in der Hand eines Erwachsenen; ein Kind hinter einem Erwachsenen im Auto oder auf dem Fahrrad sitzend; so – oder zumindest ähnlich – sieht der Anfang des Weges in die Gruppe der Gleichaltrigen, in den Kindergarten, häufig aus.

Welche Lebenserfahrungen dieser begleitende Erwachsene dem Kind bereits ermöglichen konnte und wollte, hängt von seiner Person ab und von den Bedingungen, unter denen er mit dem Kind lebt. Zwar ist die Lebensgeschichte eines Kindergarten-Anfängers noch kurz, aber sie ist von grundlegender Bedeutung für das Zusammenleben in der Gruppe.

Erzieher haben es in der Regel mit 25–30 unterschiedlichen „Lebensgeschichten" zu tun, die sie zunächst noch wenig oder gar nicht kennen, deren Berücksichtigung aber von ihnen erwartet wird.

Im Kindergartengesetz von Nordrhein-Westfalen z. B. ist das so formuliert: „Der Kindergarten hat seinen Bildungsauftrag in ständigem Kontakt mit dem Elternhaus oder anderen beteiligten Erziehungsberechtigten durchzuführen und dabei insbesondere die Lebenssituation eines jeden Kindes zu berücksichtigen."[1]

Kein Erzieher, der seine Arbeit mit der Kindergruppe kritisch reflektiert und plant, wird den hohen Stellenwert, aber auch die Differenziertheit dieser Anforderung anzweifeln.

---

[1] Ministerium für Arbeit, Gesundheit und Soziales des Landes NW: *Zweites Gesetz zur Ausführung des Gesetzes für Jugendwohlfahrt* (Kindergartengesetz – KgG –) vom 21. 12. 1971 (GV. NW).

Jedes Kind hat ganz individuelle Erfahrungen im Zusammenleben mit anderen Menschen gemacht. Es hat auf seine Weise und mit seinen Fähigkeiten darauf reagiert. Dabei sind kindliche Verhaltensweisen kritisiert, bestätigt, gelobt oder auch ohne Stellungnahme hingenommen worden. Das Kind hat angefangen, sich darauf einzustellen, sich daran zu gewöhnen. Es hat darüber hinaus beobachtet, wie die mehr oder weniger vertrauten Menschen miteinander umgehen, und hat sich vermutlich bei den unterschiedlichsten Formen des Umgangs wohlgefühlt, ausgeschlossen gefühlt oder auch gefürchtet.

Was Eltern und Geschwister, was der Lebensraum, der ihnen zur Verfügung steht, was langfristig unveränderbare Bedingungen oder auch außergewöhnliche Ereignisse für die soziale Entwicklung eines Kindes bedeuten können, wird sich im Einzelfall kaum als jeweils gesonderter Einfluß herausheben und erkennen lassen, sondern eher als ein Zusammenwirken aller dieser Faktoren anzusehen sein. Dennoch soll in den folgenden Abschnitten versucht werden, in allgemeinerer Weise auf spezifische Einflußmöglichkeiten dieser Hauptfaktoren hinzuweisen.

1. Die Eltern

Daß die Eltern innerhalb der frühen Lebenserfahrung mit ihrem Einfluß an erster Stelle stehen, wird man mit einiger Sicherheit sagen können. Daß aber „ein solcher Vater" oder „eine solche Mutter" immer auch „eine solche Reaktion" beim Kind hervorrufen müßten, kann keineswegs mit der gleichen Sicherheit behauptet werden.

Dennoch erscheint es wichtig, sich hier einige solcher Ausgangslagen von Kindern vor Augen zu halten.

Jeder Erzieher im Kindergarten weiß, wie unterschiedlich die Rolle der Eltern besetzt sein kann: beide Eltern, ein Vater, eine Mutter allein, mehr oder weniger beständige Erzieher in einem Heim, Großeltern, Pflegeeltern. Unabhängig davon, ob es die leiblichen Eltern sind oder ob andere Erwachsene die Erziehung übernehmen, kön-

nen bei jedem von ihnen solche unterschiedlichen Erzie-
herhaltungen und Erziehungseinstellungen vorkommen,
wie sie im folgenden ansatzweise aufgezeigt werden.[2]

Eltern können z. B. die Erziehungsaufgabe als eine ihrer wichtigsten Lebensaufgaben ansehen; welche Ziele sie
aber anstreben und welche Wege zu diesem Ziel sie für
notwendig und möglich halten, ist damit noch nicht gesagt. Ihr Sich-verantwortlich-Fühlen, ihre Gewissenhaftigkeit und Sorge können das Kind spüren lassen, wie
wichtig und wie lieb es ihnen ist, und ihm damit eine feste
Bindung und einen Halt geben. Die Gewissenhaftigkeit
und Sorge können umgekehrt aber auch ein Kind bedrük-
ken und einengen, indem sie es spüren lassen, wieviel Arbeit und Mühe es seinen Eltern macht, wieviel die Eltern
„leisten" müssen, und wie wenig sie dem Kind zutrauen.

Es gibt auch andere Eltern, die die Erziehung ihrer Kinder eher „nebenher laufen lassen". Ob das zum Schaden
des Kindes gereichen muß, indem es sich zu wenig beachtet oder gar vernachlässigt fühlt – oder ob es ihm zugute
kommt, indem es seine Freiheit genießt und seinen Spielraum ausschöpft, sich seine Anregungen und Erfahrungen „eigenhändig" sucht, seine Orientierungen mehr
indirekt und unbemerkt erhält –, das ist damit noch nicht
festgelegt.

Jedes Kind erlebt, daß seine Eltern „größer" sind als es
selbst ist. Sie können vieles tun, was das Kind noch nicht
kann. Ob sie aber auch die sind, deren Großsein für das
Kind Sicherheit und Schutz, vertrauensvolles Sich-anleh-
nen-Können bedeutet, ist nicht in jedem Fall selbstverständlich. Ihr Großsein kann für ein kleines Kind auch
Unbeeinflußbarkeit, Unberechenbarkeit, ja sogar Beäng-
stigung und Bedrohung bedeuten.

Eltern kennen und wissen mehr als ihre kleinen Kinder.
Ob sie aber schon deshalb für ihre Kinder diejenigen sind,
auf die die Kinder stolz sind, an die sie sich jederzeit wen-

---

[2] Wenn im folgenden vereinfachend nur von „Eltern" die Rede ist, so sind damit
alle die oben Genannten gemeint, die diese Aufgabe übernehmen.

den können, wenn sie Fragen haben, wenn sie Beratung
oder Hilfe brauchen, ist nicht gesagt. Wissensvorsprung
kann ebenso zum Belächeln kindlicher Unerfahrenheit
oder gar zum Verurteilen kindlichen Unwissens benutzt
werden – und damit vom Kind als Beschämung erlebt werden. Eltern nehmen Stellung bzw. reagieren auf das, was
ihr Kind tut oder nicht tut, sagt oder verschweigt. Ob das
aber für ein Kind auch zur sicheren Orientierung wird,
hängt von der gleichbleibenden Eindeutigkeit dieser Reaktionen ab. Wenn kindliche Verhaltensweisen heute als
gut und richtig beurteilt werden, morgen aber unwillig
korrigiert oder gar bestraft werden, hilft das dem Kind
wenig zur richtigen Einschätzung oder zur notwendigen
Veränderung seines eigenen Verhaltens.

Nicht nur wie Eltern ihre Erziehungsaufgabe als solche
wahrnehmen, sondern auch wie sie ihr eigenes Leben gestalten bzw. wovon ihr Leben insgesamt bestimmt wird,
davon wird auch das Kind in jedem Fall beeinflußt:

- Ob die Eltern die sind, die auschließlich in Essen und
  Trinken, Arbeiten und Ausruhen, Schlafen und Sich-
  Kleiden ihre Zufriedenheit finden oder die, die darüber
  hinaus noch viele Interessen haben und das Kind mit
  wachsendem Verständnis Anteil nehmen lassen;
- ob Vater oder Mutter jemand ist, der einmal seine Lebensaufgabe bewältigen kann und ein andermal resi-
  gniert oder verzweifelt Zuflucht in irgendeiner Form
  des Rausches sucht und damit für das Kind unbere-
  chenbar und unverständlich wird;
- ob Eltern hier beheimatet sind, oder ob sie ihre vertraute Umwelt verlassen mußten und sich in der neuen
  Umgebung fremd und abgelehnt fühlen;
- ob die Eltern sich mit den Nachbarn nur arrangieren,
  ob sie diese in möglichst großem Abstand halten, sich
  vor ihnen fürchten, oder aber mit ihnen in einem guten
  freundschaftlichen Austausch stehen;
- ob Eltern die sind, die mit dem Gesetz in Konflikt kommen und der „Entdeckung" geschickt entgehen oder sie
  ständig fürchten;

- ob Vater oder Mutter jemand ist, der nur selten zuhause ist, der dem Kind fremd bleibt, aber vertraute Zuwendung vom Kind erwartet;
- ob Vater oder Mutter jemand ist, der krank ist, ge-
  schont werden muß, für den der jeweils andere
  Elternteil viel Zeit, viel Geduld und viel Verständnis
  braucht, in die das Kind liebevoll, mit Selbstverständlichkeit, mit großer Mühe oder auch nur unzureichend
  einbezogen wird;
- ob Eltern die sind, die dieses Kind nicht gewollt haben
  und sich nur mit Anstrengung oder schlechtem Gewissen auf sein Dasein einstellen können, oder ob sie die
  sind, die ein Kind erfahren lassen: Du bist gewollt und
  geliebt, wie immer du bist.

Je kleiner die Kinder sind, um so tiefgreifender sind die
Erfahrungen und ihre Auswirkungen.

Nicht einfach deswegen, weil er von den Eltern das eine
oder andere erfahren hat, weiß der Erzieher, mit welchem
Kind er es zu tun hat oder gar, wie er mit ihm umgehen
muß. Vielmehr sollte das Wissen um die Vielfalt der Erfahrungen und Eindrücke in den ersten Lebensjahren dem
Erzieher dazu verhelfen, keine vorschnellen Schlüsse zu
ziehen, sondern immer wieder zu fragen und zu beobachten, um sein Verständnis zu erweitern. Der Erzieher wird
das Maß an Bestätigung, aber auch an Anforderungen, an
Anerkennung, aber auch Eingrenzungen, die ein Kind
braucht, und den Grad an Offenheit, mit der er dem Kind
seine Zuneigung zeigt, auf dieser Grundlage jedesmal neu
finden müssen.

2. Die Geschwister

Die Erfahrungen im Elternhaus sind jeweils andere, ob
ein Kind allein mit seinen Eltern lebt, oder ob es dieses Elternhaus mit Geschwistern teilt. Ein solches „Teilen"
kann als Bereicherung oder als Verzicht, als Beglückung
oder auch als Belastung erlebt werden. Große Geschwister z. B. können für das kleinere Kind solche sein, auf die

es stolz ist, denen es sich vertrauensvoll zuwendet, die „schon viel mehr dürfen", die „furchtbar viel können", oder vor denen es sich unter Umständen fürchtet.

An einigen Beispielen sei hier gezeigt, welche Erfahrungen kleine Kinder mit ihren Geschwistern machen können und welche Bedeutung diese Erfahrungen möglicherweise haben.

 Vater und Mutter hören ihrer größeren Tochter zu. Sie erzählt ihnen von einem belastenden Kummer. Peter, der kleine Bruder (1;2 Jahre), sitzt auf dem Schoß der Mutter. Er sieht der erzählenden Schwester zu, und man erfährt zunächst nicht, was er hört oder gar versteht. Die große Schwester beginnt zu weinen. Peter rutscht vom Schoß herunter und tapst noch etwas unsicher auf seine Schwester zu. Er legt seine beiden Hände auf ihre Knie und sieht sie an. Es scheint ihm nicht verständlich zu sein, wie sie reagiert: sie sieht ihn nicht an! Peter geht zur Mutter zurück und holt aus ihrer Tasche ein Taschentuch. Er marschiert zu seiner Schwester zurück und reicht ihr das Tuch, wortlos, mit ausgestrecktem Arm. Die Schwester nimmt es an. Sie wischt die Tränen ab, nimmt den kleinen Bruder auf den Arm, drückt ihn an sich und sieht ihm lächelnd ins Gesicht.

Peter muß schon vorher erlebt haben, daß man bei Tränen ein Tuch braucht, um sie abzuwischen. Damit hat er erfahren, daß gegen Tränen etwas unternommen werden kann. Er hat vielleicht auch erfahren, daß es gut ist, wenn man das nicht selbst tun muß, wenn man jemanden hat, der merkt, wie einem zumute ist. Bei seiner Schwester erfährt er: Er selbst ist in der Lage, aus einem sehr deutlich traurigen Gesicht ein fröhliches und zugleich dankbares Gesicht zu machen. Er erfährt ein In-die-Arme-Schließen, eine positive Zuwendung, die ihm zeigt, daß sein Handeln gut und richtig war und sein Bemühen verstanden worden ist.

 Martin (2;5 Jahre) hat mit Bauklötzen gespielt. Der größere Bruder, Thomas (6 Jahre), sitzt bei seinen Schulaufgaben. Die Hausangestellte, Frau N., fordert Martin auf, seine Klötze wegzuräumen. Das Mittagessen ist fertig. Martin will nicht. Er legt die Hände auf den Rücken und

geht aus dem Raum. Frau N. geht ihm nach und fordert ihn noch einmal freundlich, aber sehr deutlich auf, nun doch die Klötze wegzuräumen. Martin stellt sich taub. Es folgen Überredungsversuche und vorsichtige Drohungen, aber Martin will nicht. Da schaltet Thomas sich ein: „Laß ihn am besten! Er wird es nach dem Essen aufräumen"! Solche Reaktionen kennt Thomas von seinen Eltern. Frau N. kann Thomas' Vorschlag nun auch zustimmen.

In sehr vielen ähnlichen Situationen erfahren kleine Kinder, daß die Erwachsenen nicht viel Geduld haben und entweder die Ausführung der geforderten Arbeit selbst übernehmen oder, weil sie größer und stärker sind, die Ausführung zu dem gewünschten Zeitpunkt erzwingen. Es gibt mit Sicherheit Situationen, die gar kein anderes Handeln zulassen. Leichter ist es allerdings für kleine Kinder, einem Lösungsvorschlag, wie Thomas ihn anbietet, nachzukommen. Die Anforderung bleibt uneingeschränkt bestehen, sie wird nur nicht zeitlich auf den Augenblick festgelegt, der dem Erwachsenen der bequemste, dem Kind aber der unangenehmste ist.

Martin erfährt noch anderes: Zwei Menschen können zu einer Sache eine unterschiedliche Einstellung haben. Sie sprechen miteinander, sie verständigen sich, sie einigen sich, weil sie aufeinander hören und einer des anderen Argumente akzeptieren kann. Unterschiedliche Meinungen müssen nicht zwangsläufig zu Streit führen.

Er erfährt auch: Mein Bruder tritt für mich ein, er hilft mir, eine schwierige Aufgabe zu lösen. Er versteht offenbar, warum die Anforderung für mich so schwer war. Er traut mir ein Stück Einsicht zu. Er behandelt mich wie einen Partner. Damit erlebt Martin ein Stück zugestandener Selbständigkeit. Er hat es nun nicht mehr nötig auszuprobieren, wie stark er den Erwachsenen gegenüber ist.

Die Eltern mit ihren zwei Jungen, Michael (3;9) und Thomas (2;6), sitzen bei Tisch. Thomas hat vorher mit einem Stock gespielt, den er jetzt neben seinem Teller liegen hat. Dagegen haben die Eltern nichts einzuwenden. Aber Thomas ißt langsam und fängt an, mit seinem Stock zu spielen. Die Eltern fordern ihn auf, den Stock still liegen zu lassen. Das gelingt nur wenige Augenblicke, dann wird wieder der Stock wichtiger als das Essen. Der Vater wird ungeduldig und nimmt den Stock weg. Thomas weint und will nun auch nicht mehr essen. Jetzt schaltet sich der große Bruder ein: „Papa, wenn aber einer doch 'ne Angel *braucht!*"

Was die Eltern hierbei erfahren haben, soll nicht Gegenstand weiterer Überlegungen sein. Unterstrichen sei nur die Erfahrung, die Thomas macht. Er erlebt, daß seine Eltern sein Spielzeug gar nicht als das erkennen, was es ihm bedeutet. Für sie ist es einfach ein Stock. Michael aber weiß Bescheid und ist darum in der Lage, ihm zu helfen. Er kann den Eltern nicht nur die Bezeichnung dieses Spielzeugs nennen, sondern auch den Wert herausstellen, den dieses Spielzeug für Thomas hat. Er braucht eben eine Angel. Man kann also Eltern etwas erklären, man muß es manchmal, weil sie nicht ohne weiteres alles verstehen. Das muß erst gelernt werden. Michael baut die Brücke. Er weiß schon, wie es sich mit Eltern verhalten kann, und bietet dem kleinen Bruder die Möglichkeit des Modellernens an.

Der Vater gibt Thomas den Stock zurück: „Ich wußte nicht, daß es eine Angel ist. Du kannst nach dem Essen wieder angeln. Leg sie solange neben deinen Teller!" Thomas fällt es nicht mehr schwer, dieser Forderung nachzukommen. Das Wohlwollen des Vaters, sein Verständnis und die Korrektur, die er an seinem Verhalten vornimmt, sind wichtige Erfahrungen für Thomas' Verhalten im Umgang mit seinen Eltern.

Wenn solche Begebenheiten sich im Leben eines Kindes wiederholt haben, kann es eine andere Stabilität für das Zusammenleben im Kindergarten mitbringen, als wenn die vertrauten Menschen zu Hause bei Auseinandersetzungen mit dem Kind ihm keinen Freiraum gelassen und kein Verstehen entgegengebracht haben.

Ob ein Kind größere oder kleinere Geschwister hat, ob eines dabei ist, dem wegen besonderer Hilfsbedürftigkeit auch besondere Aufmerksamkeit geschenkt wird, in allen Fällen kann es erfahren: Die gleichen Eltern räumen unterschiedliche Rechte ein, muten unterschiedliche Pflichten zu, sind auf unterschiedliche Weise jedem der Kinder zugetan.

Mit Sicherheit gibt es auch viele Variationen schmerzlicherer Erfahrungen: „So viel Mühe wie mit dem kleinen Bruder, mit der sonnigen, heiteren Schwester, mit den Großen, die schon fast alles können, geben die Eltern sich mit *mir* nicht!"

Wo das nicht nur ein einmaliger Eindruck ist, sondern zu einer sich wiederholenden Erfahrung geworden ist oder gar zu einer bleibenden Üblichkeit zu werden droht, braucht das Kind eine Hilfe, die von woanders her kommt, um für sein Leben stabilisiert zu werden. Welchen Anteil hier der Kindergarten leisten kann, wird nur im Einzelfall zu entscheiden sein.

Es ist sicher die Ausnahme, daß Erzieher an den vielen unscheinbaren Erfahrungen aus dem häuslichen Alltag unmittelbar Anteil nehmen können. Das meiste werden sie durch die Kinder erfahren, die ohnehin gerne erzählen, gerne von den Erfahrungen zu Hause berichten, viel erleben und dadurch einen großen „Erzählvorrat" haben.

Weitere Einblicke in das alltägliche Zusammenleben werden sie durch Gespräche mit Eltern bekommen. Darüber hinaus bleibt ihnen die Möglichkeit, Kindern zum Erzählen Mut zu machen, ihnen aufmerksam zuzuhören und sie spüren zu lassen: Was du erzählst, ist mir wichtig.

3. Der Lebensraum

Die Wahl des Wohnortes, der Wohngegend oder auch der Wohnung hängt in vielen Familien von Bedingungen ab, die außerhalb des Einflußbereiches der Eltern liegen. Wie aber eine Familie mit den gegebenen Wohnbedingungen umgeht, wie sie z. B. auf verbesserte Umstände reagiert, wie sie mit notwendigen Einschränkungen fertig wird oder auf welche Weise sie außergewöhnliche Belastungen bewältigt, das gehört entscheidend mit zu den

Einwirkungen, die der gesamte sogenannte Lebensraum
auf die Kinder hat.

In einem Wohngebiet, in dem Kinder aller Altersstufen
mit den unterschiedlichsten Voraussetzungen leben und
ihren „Spielraum" haben wollen, sind viele Lernerfahrungen möglich. Dabei spielen Eltern und Geschwister eine
wichtige Rolle für ein Kind selbst, aber auch für seine
Spielkameraden. Freundschaften lassen sich in frühem Alter leichter aufbauen, wenn verständnisvolle Eltern sie unterstützen. Spiele können sich vielseitiger entfalten, wenn
die Spieler des Wohlwollens der Erwachsenen sicher sein
können. Konflikte müssen nicht zu verhärteten Feindse-
ligkeiten führen, wenn es Erwachsene gibt, die *den* Teil
der Lösung übernehmen, der den Kindern *alleine* noch
nicht gelingt.

Je kleiner die Kinder sind, um so weniger können sie
die Auswirkungen ihres Tuns einschätzen. Sie müssen
z. B. erst erfahren, daß nicht jeder Autobesitzer nur be-
glückt ist, wenn sie ihm die ersten Löwenzahnsträuße hinter die Scheibenwischer klemmen, oder wenn sie bei den
ersten Fahrversuchen auf dem Zweirad gleich ein Slalom-
Wettfahren um die parkenden Autos starten. Aus den Reaktionen auf solche Spielformen bilden Kinder ihr Urteil
über die Erwachsenen. Sie werden sie sehr bald einteilen
in solche, auf deren Begegnung sie sich freuen, und solche, die am besten gar nicht vorbeikommen, wenn sie gerade „so gute Ideen haben". Um aber zu verstehen, daß
nicht jeder Erwachsene, der ungeduldig oder heftig reagiert, auch gleich böse und „kinderfeindlich" ist, dazu
brauchen sie Hilfe. Sie brauchen Menschen, denen sie
ihre Erlebnisse vertrauensvoll erzählen können, von denen sie sich verstanden wissen, die ihnen aber auch die
Rechte und Bedürfnisse anderer Menschen verständlich
machen können.

Nicht nur aus dem unmittelbaren Wohn-Umfeld erwach-
sen Kindern wichtige Sozialerfahrungen. Mittelbar erweitert auch die Arbeitswelt der Eltern den Erfahrungshorizont der Kinder.

Sehr viele Kinder haben keine Gelegenheit, den Arbeitsplatz der Eltern kennenzulernen. Sie sind darauf angewiesen, sich aus vielleicht sehr bruchstückhaftem Erzählen ein Bild zu machen. Die Auswirkungen aber, die der jeweilige Arbeitsplatz, die Arbeit selbst oder die Arbeitskollegen auf die Eltern haben, können Kinder sehr wohl erfahren. Dabei kann es sein, daß ein befriedigender Arbeitsplatz nur insofern erfahren wird, als er den Erwachsenen noch Zeit läßt für das Zusammenleben in der Familie.

Verärgerung und allzu große Anspannung im Beruf geben häufiger Anlaß, darüber zu sprechen oder auch unkontrolliert zu schimpfen. Wer fragt in solchen Situationen danach, welches Bild in dem Kind von der Arbeit überhaupt, von diesem bestimmten Beruf, von den Arbeitskollegen und von dem Umgang der Kollegen untereinander entsteht?

Wie Eltern mit ausreichenden, spärlichen oder auch reichlichen materiellen Möglichkeiten umgehen, wird den Kindern zur eindrücklichen Erfahrung. Längst nicht jedes Kind, dessen Eltern sehr überlegen müssen, wie sie ihr Geld einteilen, empfindet sich als arm. Nicht nur die materiellen Werte, über die eine Familie verfügt, prägen die ersten Lebenserfahrungen. Eine große Rolle spielen alle Interessen, die in einer Familie vorkommen und gepflegt werden. Zugang zur Musik, zur Dichtung oder zu darstellender Kunst kann am ehesten da gefunden werden, wo Familienmitglieder sich regelmäßig in irgendeiner Form damit beschäftigen. Verständnis für die Vorgänge in der Natur kann sich da ausbilden, wo Natur bewußt erlebt, gepflegt oder zumindest zum Gesprächsthema wird. Interesse an Sport braucht Vorbilder, an denen ein Kind sich orientieren kann. Schule wird zu etwas Erstrebenswertem, wenn größere Kinder Interessantes oder Heiteres von der Schule erzählen und unter Schulaufgaben nicht unbedingt nur seufzen.

Viele Familien haben individuelle Gepflogenheiten, die anderswo unüblich sind, ihre speziellen „Gewohnheiten", die außerhalb der Familie niemand versteht.

Wenn z. B. in einer Familie einer dem anderen zum Geburtstag „ein frohs Mohs" wünscht, ist das mit Sicherheit für jeden Außenstehenden ziemlich unverständlich. Wer aber erfährt, daß „Pu der Bär" von A. A. Milne zu einem Lieblingsbuch der Familie geworden ist, versteht den Scherz. Zu den Tieren, die dort vorkommen, gehört die etwas arrogante Eule, die sich mit ihren Schreibkünsten in einer reichlich geschraubten und gewählten Sprache wichtig tut. Sie soll für den gutmütigen Pu, der des Schreibens unkundig ist, einen Glückwunsch auf das Geschenk schreiben, das Pu Iaah, dem Esel, bringen will. Und sie schreibt: „Ein frohs Mohs Gbuchtstachsfst".

Aber auch alltäglichere Gepflogenheiten, wie man sich begrüßt oder verabschiedet, wie gemeinsame Mahlzeiten eingenommen werden, mit welchen Namen oder Kosenamen man sich anredet, mit welchem Ritus ein Kind ins Bett gebracht wird, all das fließt bei einem Kind zusammen zu dem Gesamteindruck von seiner Familie. Erst im Laufe seines Lebens lernt es, daß andere Familien anders leben und daß familiäre Vertrautheit sich in vielerlei Formen ausdrücken kann.

4. Besondere Ereignisse

Wenn schon alles, was den Alltag in einer Familie ausmacht, für die Entwicklung eines Kindes bedeutsam sein kann, so trifft das mit Sicherheit auch für die über den Alltag hinausragenden Ereignisse zu.

Zwar werden Ereignisse wie ein Besuch, ein erfreulicher oder belastender Brief, erfreulich gute oder unerwartet schlechte Zeugnisse der Geschwister, ein Konflikt mit dem Hausbesitzer oder mit Nachbarn von dem kleineren Kind unter Umständen gar nicht immer als etwas Bedrückendes wahrgenommen. In dem Maße aber, in dem solche Erlebnisse zur Beeinträchtigung für die ganze Familie werden, kann auch ein kleines Kind mit betroffen sein. In solchen Situationen wird es sich auswirken, ob in einer Familie viel ausgetauscht wird, auf welche Weise ausgetauscht wird und in welchem Maß ein Kind einbezogen wird; ob versucht wird, Unangenehmes als „Störendes" oder möglicherweise Beängstigendes vom Kind gänzlich fernzuhalten; ob dies tatsächlich erreicht wird oder ob es doch nur unvollständig gelingt. Nicht alle Kinder erfahren die Freude oder die Belastung, die eine Familie betrifft, in einer Form, die sie verstehen können. Je unverständlicher aber dem Kind die Ursachen für plötzlich verändertes Verhalten sind, um so weniger eignen sich solche Erfahrungen dazu, ihm die Sicherheit im Umgang mit anderen Menschen zu erweitern. Von vielen Ereignissen, die den Kindern wichtig waren oder auch im Augenblick wichtig sind, werden sie im Kindergarten erzählen. Wie unvollständig aber der Ausschnitt sein kann, den eine Erzieherin dabei vom Kind erfährt bzw. wie unvollständig die eigentliche Betroffenheit des Kindes unter Umständen von ihr wahrgenommen wird, dafür soll das folgende Beispiel stehen:

 „Rahel ist vier Jahre alt. Der Großvater, der mit in der Familie gelebt hat, ist gestorben. Rahel hat ihn im Sarg aufgebahrt liegen sehen. Sie hat sich von ihm verabschiedet, und sie ist traurig, weil sie ihn lieb gehabt hat. Und dann kommt die Beerdigung. Eltern, Verwandte, Freunde und auch die größeren Geschwister gehen mit. Rahel bleibt mit Elsa, der Hausangestellten, allein zu Hause. Offenbar halten die Eltern, die die gute Beziehung zwischen dem Kind und dem Großvater kennen, die Erfahrung der Beerdigung für eine zu große Belastung. Rahel hat ihren üblichen Mittagsschlaf beendet und wird, auf der Fensterbank sitzend, von Elsa angezogen. Dabei sehen beide dem Leichenzug zu, der in dem Augenblick das Elternhaus verläßt. Rahel versteht, daß da der Großvater endgültig weggefahren und niemals mehr wiederkommen wird. Sie weint. Natürlich weint sie über den endgültigen Abschied von dem geliebten Menschen; aber sie weint auch darüber, daß die Großen sie nicht mitgenommen haben. Sie verstehen offenbar nicht, daß Rahel nicht nur zu denen gehört, die um den Großvater trauern, sondern ebenso auch zu denen, die ihn nun auch begleiten wollen. Elsa versucht zu trösten, aber der Trost trifft gar nicht die richtige Stelle. Im Kindergarten fällt Rahels trauriges Verhalten auf. Sie antwortet nur einsilbig auf Fragen nach dem Großvater. Die Erzieherin spricht mit der Mutter. Ja, das denken mehrere Erwachsene, daß dem Kind der Tod sehr nahe gegangen ist. Aber die Erfahrung, „noch nicht ganz dazuzugehören", „nicht einbezogen zu sein", die mindestens ebenso nahe gegangen ist und weitreichende Auswirkungen

hatte, die hat niemand geahnt – jedenfalls nicht zu der Zeit, als Rahel eine Hilfe in dieser außergewöhnlichen Situation gebraucht hätte.

Lebenserfahrungen, die der Kindergartenzeit vorausgehen, beschränken sich nicht nur auf die engste Familie, obwohl diese den wesentlichen Anteil an ihnen hat. Sind es doch überwiegend die nächsten Angehörigen, die die Begegnung mit Verwandten oder Freunden, mit Nachbarn oder Spielgefährten ermöglicht und gepflegt, vernachlässigt oder gar verhindert haben. Sie sind darüber hinaus diejenigen, die entschieden haben, welche Erfahrungen mit der gesamten Umwelt gemacht werden konnten. Mit solchen „Sicherheiten" oder auch „Unsicherheiten" im Umgang mit vertrauten und weniger vertrauten Menschen und mit der „umgebenden Welt" kommt das einzelne Kind in die Gruppe und begegnet anderen einzelnen, die gleiche, ähnliche oder ganz andere Erfahrungen gemacht haben.

Für den Erzieher gehört ein hohes Maß an Aufgeschlossenheit, Interesse und Sensibilität zu der Aufgabe, den Lebenshintergrund der Kinder kennenzulernen. Sein Bild von jeder Familie wird sich aus vielen Mosaiksteinen einzelner Informationen und Beobachtungen zusammensetzen.

Erzieher müssen nicht „alles" über die Familien wissenwollen, aber alles, was sie erfahren, muß bei ihnen „gut aufgehoben" sein, damit Kinder und Eltern ihrer Vertrauenswürdigkeit und ihrer Behutsamkeit sicher sein können.

2 Ein Kind wird dem Erzieher bekannt

Ein Erzieher kann nicht erst dann mit einer Kindergruppe pädagogisch arbeiten, mit ihr leben, wenn er alle Hintergründe eines jeden Kindes kennt. Nur in ganz wenigen Ausnahmen wird er einen umfassenden Einblick in das bis dahin gelebte Leben eines Kindes bekommen.

Einen Menschen kennenzulernen kann ohnehin kein abgeschlossener Akt sein. Hilfreich für einen Erzieher ist, daß er – bei altersgemischten Gruppen – zu Beginn eines Kindergartenjahres nicht die ganze Gruppe auf einmal neu kennenlernen muß; das bedeutet auch, daß er in seiner Gruppe Kinder hat, die er unterschiedlich gut kennt, weil er unterschiedlich lange mit ihnen zusammen ist. Kompliziert wird seine Aufgabe dadurch, daß er zusammen mit den Kindern, die er unterschiedlich gut kennt, immer wieder ganz fremde Kinder kennenlernen muß. Seine Anforderungen im Hinblick auf das Zusammenleben in der großen Gruppe müssen also immer wieder neue Konstellationen berücksichtigen und dabei notwendigerweise auf jedes Kind im besonderen zugeschnitten sein. Das aber erfordert vom Erzieher nicht nur die möglichst gute Einschätzung der sozialen Fähigkeiten eines jeden Kindes, sondern macht auch notwendig, sein eigenes je unterschiedliches Verhalten einzelnen Kindern gegenüber den übrigen Kindern der Gruppe verständlich zu machen. Wie hoch der Anteil ist, den Kinder, ganz ohne pädagogische Absicht, zum guten Gelingen des gemeinsamen Lebens leisten, kann hier nur angedeutet werden. Ein spezieller Anteil, den Kinder übernehmen können, ist der, angemessenes Handeln den „Neuen" kindgemäß vorzumachen und damit direktes Nachmachen hervorzulocken

und leicht zu machen. Wer ein anderes Kind mitnimmt,
um die Hände zu waschen oder die Brottasche zu holen,
wer Spielzeug handhabt oder anbietet, der braucht keine
Worte, die nicht verstanden werden, ist aber in der Lage,
zum Verständnis beizutragen. Der Erzieher, dessen Anliegen es ist, seiner Kindergruppe bei aller Unterschied-
lichkeit zu einem harmonischen Zusammenleben zu
verhelfen, braucht manchmal nur die positiven Ansätze zu
sehen und ihnen das kleine Maß an Unterstützung zukommen zu lassen, das sie zu ihrer Ausführung brauchen.

1. Den Eltern zuhören

Kinder zwischen drei und sechs Jahren melden sich nicht
selbst im Kindergarten an, um ihn von einem bestimmten
Tage an zu besuchen. In der Regel tut das die Mutter, sel-
tener der Vater oder andere Erwachsene. Schon da be-
ginnt für den Erzieher das erste Mosaik-Steinchen zu
dem Bild von eben diesem Kind deutlich zu werden. Im
Aufnahme-Gespräch werden wichtige Daten erfahren
und eben nicht nur Daten. Wer aufmerksam zuhört, erfährt in dem Gespräch auch etwas von der Art und Weise
des Umgangs mit dem Kind. In Informationen und Fragen schwingt schon die Besorgnis der Mutter mit, ob denn
das eigene Kind auch richtig erkannt würde und die Erzieher auch richtig auf seine Eigenart eingehen werden.
Es kann ebenso deutlich werden, wie erleichtert eine Mutter sein kann, dieses Kind nun endlich in eine altersent-
sprechende Gruppe geben zu können, um selber für
andere Aufgaben entlastet zu werden. Viele Eltern berichten gerne und ausführlich von ihrem Kind und von ihren
Erfahrungen mit ihm. Dabei ist nur zu verständlich, daß
positive Erfahrungen sich in der Regel leichter vermitteln
lassen.

Schwierig wird der Austausch mit den Eltern, die eine
andere Sprache sprechen und aus einer anderen Kultur
kommen. Es wird viel Einfallsreichtum dazu gehören, solchen Eltern das Anliegen des Kindergartens deutlich zu

machen, auch ihrem Kind zu helfen, seinen Platz in der
Gruppe zu finden. Die Erfahrungen aus den ersten Lebensjahren dieser Kinder sind mit Sicherheit nur unvoll-
kommen, wenn überhaupt, zu verstehen. Um so bedeutsa-
mer werden alle Bemühungen um schrittweise sich
erweiterndes Verstehen. Dazu gehört vielleicht ein be-
wußteres Aufmerken und Hinhören oder Hinsehen, ein
Zeigen und Zusehen-Lassen, als bei den Eltern, mit denen
der sprachliche Austausch selbstverständlich ist.

Erzieher, die nach möglichst gutem Verständnis für
ihre Kinder suchen, brauchen die unterschiedlichsten Formen der Begegnung und der Gespräche mit den Eltern.

Eine Erzieherin spricht mit den Eltern ab: „Am Morgen, wenn Sie die Kinder in den Kindergarten bringen,
will ich möglichst keine längeren Gespräche mit Ihnen
führen. Da gehört meine ganze Aufmerksamkeit jedem
einzelnen Kind und seinem Einstieg in den Kindergarten-
Tag mit der großen Gruppe." Sie vermittelt den Eltern mit
dieser Begründung, wie wichtig ihr jedes Kind ist und
schafft damit eine gute Voraussetzung für Gespräche, die
zu anderen Zeiten mit diesen Eltern geführt werden können. Eine andere Erzieherin ist der Meinung, daß sie ihr
stetes Interesse an Eltern und Kindern am besten vermitteln kann, wenn sie sich am Morgen, beim Bringen der
Kinder, immer wieder die Zeit für einen kurzen Austausch mit den Erwachsenen nimmt. Auch damit kann ein
Ausgangspunkt für weitere und ausführlichere Gespräche
mit Eltern gefunden werden. Wann aber dieses „Sich-
Zeit-Nehmen" für eingestreute informelle Gespräche mit
den Erwachsenen letzten Endes zugunsten der Kinder,
wann aber eher auf Kosten der Kinder geht, das muß wiederum vom Erzieher jeweils situativ entschieden werden.
Dabei werden die besonderen Bedingungen, die mit der
Organisation der Arbeit in eben dieser Institution für den
Erzieher gegeben sind, ebenso wie die besonderen Möglichkeiten, die die Eltern haben, berücksichtigt werden
müssen.

Bei allen Gesprächen, die über ein Kind geführt werden, ist für den Erzieher wichtig zu bedenken: Die Eltern

kennen ihr Kind nicht nur längere Zeit, sondern auch aus
sehr unterschiedlichen Situationen, die im Kindergarten
nur selten oder vielleicht gar nicht vorkommen, z. B. ein-
schlafen, allein bleiben, kränkeln o. ä. So ist das Bild, das
die Eltern von ihrem Kind haben, ein umfassenderes. Es
wird weniger distanziert und objektiv sein können, als das
bei der Erzieherin möglich ist. Der Vorteil der Erzieher
bei solchen Gesprächen ist der, daß sie viele Kinder in der
gleichen Altersstufe, viele Eltern solcher Kinder kennen
und von den unterschiedlichsten Einstellungen beider zueinander erfahren haben.

Durch viele Gespräche mit Eltern wird ein Erzieher
nicht nur hellhörig für das, was die Eltern berichten, sondern auch und vor allem für die Art und Weise, in der sie
das tun. Im Laufe der Zeit wird er erkennen können, ob es
mehr die Sorge um das Kind ist, die Freude an seinem Dasein und seiner Entwicklung, ob es mehr die Mühe ist, die
dieses Kind macht, die Anstrengung, die es dem Erwachsenen abverlangt; er erkennt, ob dieses Kind das Hervorgehobene unter seinen Geschwistern ist, weil es das
einzige Mädchen, der einzige Junge, das jüngste oder äl-
teste Kind ist, oder aber das schwierige, das nicht so gut
verstanden wird, wie die anderen Kinder.

Ein Erzieher, der das Kind nur in dem verhältnismäßig
großen Rahmen des Kindergartens kennenlernt, braucht
diese Ergänzung seiner eigenen Beobachtungen und Erfahrungen, um seine Erwartungen an das Kind zu bestätigen oder zu korrigieren.

2. Eltern und Kind im Austausch erleben

Es gibt ganz unscheinbare Situationen, in denen der Erzieher die Kinder im Austausch mit ihren Eltern erleben
kann. Wenn das Kind in den Kindergarten gebracht oder
wenn es abgeholt wird, gibt es vielerlei Beobachtungs-
möglichkeiten für den Erzieher: Wer bringt das Kind und
wie entläßt er es in die Kindergruppe? Wird beim Abschied ein Stück des guten Einvernehmens deutlich? Wer

holt das Kind ab, und wie begegnet das Kind diesem Erwachsenen? Was erzählt es, was zeigt es, und wie geht der Erwachsene damit um? Nicht zu voreiligen Schlüssen sollen diese Beobachtungen führen, wohl aber können sie dem Erzieher ermöglichen, mit dem Kind oder auch mit den Eltern zu empfinden und damit besser zu verstehen, angemessener einzuschätzen, vielleicht etwas zu erklären oder um Verständnis zu werben.

Bei Hospitationen im Kindergarten ist es gut, die besondere Situation sowohl für das Kind als auch für den besuchenden Erwachsenen zu bedenken. Sie sind ja beide nicht in ihrer gewohnten Umgebung und die vielleicht größere Vertrautheit des Kindes mit den Gepflogenheiten des Kindergartens kann unter Umständen eine noch größere Unsicherheit seiner Mutter bewirken. Und dennoch ist es wichtig, das Zusammensein beider zu sehen. Es kann deutlich werden, welche Erwartungen die Mutter dem Kind gegenüber hat, worüber sie sich freut und was sie auf jeden Fall an ihm korrigiert, welche Spielgefährten sie gerne akzeptiert und bei welchen es ihr unter Umständen nicht so ganz leicht fällt; was sie dem Kind an Selbständigkeit zutraut, und wo sie ganz spontan Hilfe anbietet. Vielleicht erfährt die Mutter bei solchen Gelegenheiten ganz andere Formen der Selbständigkeit, die sie dem Kind zu Hause noch gar nicht zugetraut hat. Vielleicht erfährt aber auch ein Erzieher, daß ein Kind im Kindergarten versucht, das zu tun, was es zu Hause auf keinen Fall tun darf.

Eine weitere Möglichkeit sind Hausbesuche. Keine Grundsatzfrage über das Für und Wider von Hausbesuchen soll hier erörtert werden. Jeder Erzieher weiß, wieviel Behutsamkeit und Sensibilität sie in jedem Fall von ihm fordern. Hier sollen nur Möglichkeiten des besseren Kennenlernens von Kindern und ihren Familien genannt werden. Der Anlaß für einen Hausbesuch kann ganz unterschiedlicher Art sein: Die Krankheit des Kindergartenkindes, die Geburt eines Geschwisterchens, das Vorgespräch zu einem Elternabend, ein besonderes Vorkommnis im Kindergarten, das mit diesen Eltern besprochen

werden muß u. ä. Hier sind Eltern und Kind in ihrer vertrauten Umgebung, die der Erzieher erst kennenlernen
muß. Vielleicht zeigt ein Kind hier seine Spielmöglichkei-
ten, und der Erzieher kann danach besser verstehen,
warum dieses Kind sich im Kindergarten so und nicht anders verhält. Vielleicht zeigen eine Mutter, ein Vater etwas von ihren Interessen, ihren Hobbys, von ihrer viel zu
vielen Arbeit, und der Erzieher versteht ein Stückchen
mehr, warum sie dem Kind nicht in jedem Augenblick zuhören können, seine Bilder bewundern und auf seine Fragen eingehen. Und das Kind wird er auch ein bißchen
besser verstehen, weil er erlebt hat, wieviel Mangel oder
auch Enttäuschung es in vielen Augenblicken seines Tages
verkraften muß und darum auch im Kindergarten unmög-
lich überwiegend ausgeglichen und heiter sein kann.

3. Dem Kind zuhören

Kinder erzählen dem Erzieher etwas, sie erzählen anderen Kindern etwas, sie fragen und antworten, sie unterhalten sich in der Rolle, die sie tatsächlich inne haben oder
auch in der Rolle, die sie gerade spielen. In allen Formen
des sprachlichen Ausdrucks kann etwas von der Person
des Kindes deutlich werden. Es kann nur die Worte wählen, die ihm vertraut sind und deren Bedeutung es versteht
oder zumindest zu verstehen glaubt. Inhaltlich kann es
von dem berichten, was es gehört oder erlebt hat und vielleicht am besten von dem, was es stark beeindruckt hat.
Das eine Kind wendet sich mit Unbekümmertheit an den
Erzieher, das andere spricht leichter mit den Gleichaltrigen. Ein weiteres Kind unterhält sich mit den Puppen,
ganz ohne einen lebendigen Partner. Einzelne Kinder
werden ein bestimmtes Maß an Ungestörtheit brauchen,
wenn sie sich äußern wollen, andere haben es nicht
schwer, in der kleineren oder auch in der größeren
Gruppe auszudrücken, was sie beschäftigt, was sie mitteilen wollen.

Für den Erzieher ist es eine wichtige Quelle, Kenntnisse

über einzelne Kinder zu erwerben, wenn er Kindergesprä-
chen zuhören kann, ohne sich einzuschalten; wo die Kinder ihn in ihrer Nähe wissen, ohne seine Nähe zu
beachten. Sprechweise, Wortwahl, Tonfall und Inhalt
vermitteln dem Erzieher etwas von dem Erlebnishinter-
grund des Kindes.

Wenn Kinder dem Erzieher direkt berichten, erfährt er
inhaltlich vielleicht ähnliches wie aus den Gesprächen der
Kinder untereinander. Es kann aber darüber hinaus eine
weitere Erfahrung gemacht werden, nämlich die, wie weit
die einzelnen Kinder Unterschiede machen in der Art der
Äußerung dem einen oder dem anderen Partner gegenüber. Das vertraute Gespräch mit einem geliebten Erwachsenen wird anders geführt als ein Gespräch mit
einem Kind, an das man sich erst herantastet; der unbekümmert heitere oder auch etwas „ruppige" Ton mit den
Gleichaltrigen klingt anders als die Form des Austauschs
mit dem Erwachsenen, der einem zunächst als etwas un-
nahbar erschienen ist, oder den die Eltern einem als „Re-
spektsperson" hingestellt haben oder dessen Reaktionen
man einfach noch nicht genau einschätzen kann.

In den Gesprächen in kleineren oder größeren Gruppen
kann deutlich werden, wieviel Mut ein Kind hat, von seinen Erlebnissen und Erfahrungen zu berichten, wie allgemein verständlich oder auch wie genau und ausführlich es
berichten kann, wie leicht es sich irritieren läßt oder wie
sicher es in seinen Formulierungen und seiner Weitergabe
von Informationen ist. Ebenso kann der Erzieher erkennen, wieviel Hilfestellung, wieviel Ermutigung, freundliche Nachfrage, deutlich gemachtes Wohlwollen ein Kind
braucht, um einer Gruppe etwas von dem mitzuteilen, was
ihm wichtig ist.

Damit entsteht noch kein umfassendes Bild von einem
Kind. Wenn aber ein Erzieher durch sein Zuhören auch
inhaltlich immer genauer erfährt, was das Kind freut, was
es bedrückt, wovor es sich fürchtet und was ihm schließlich Mut machen könnte, dann hat er damit nicht wenige
Anhaltspunkte für sein Eingehen auf dieses Kind gewon-
nen.

4. Das Kind sehen

Nicht nur der Gesichtsausdruck des Kindes, sondern die
gesamte Körperhaltung kann etwas von seiner Befindlichkeit vermitteln. Einerseits kann seine Fremdheit dem
Raum oder den vielen Kindern gegenüber sichtbar werden, seine Unsicherheit gegenüber den Erwachsenen und
ihren Erwartungen, sein Unbehagen gegenüber dem Lärm
und dem Vielerlei der Eindrücke, andererseits läßt sich
beobachten, wie selbstverständlich Kinder mit dem angebotenen Material umgehen, wie sicher sie bestimmten
Vorstellungen eine befriedigende Form geben können,
wie gewissenhaft sie Spielregeln einhalten.

Sehen läßt sich auch, wie Kinder den angebotenen Freiraum nutzen. Die einen haben eine Vorliebe für ein ganz
bestimmtes Spiel und zeigen dabei ihre Ausdauer, ihre
Phantasie oder auch ihr Sich-Absichern durch das Sich-
Festhalten an einem vertrauten Gegenstand. Andere Kinder lassen sich von vielerlei Spielmaterial, Spielmöglich-
keiten oder Spielpartnern anregen und treffen ihre Wahl
nach Sympathie, nach augenblicklichem Interesse, nach
vorangegangenen Erfahrungen. Bei gezielten Aufgaben,
die den Kindern gestellt werden, läßt sich ihre Bereitschaft, ihre Fähigkeit, ihre Geschicklichkeit, ihre Lust
oder auch Unlust ablesen.

Wie gut und angemessen ein Erzieher die beobachteten
Verhaltensweisen interpretieren kann, hängt von seinen
bisher gesammelten Beobachtungserfahrungen und seinem aus Theorie und Praxis erworbenen Wissen ab.

Viele Beobachtungen gehören dazu, um Verhaltensweisen richtig zu deuten. Es ist nicht jedes Kind, das *langsam*
auf andere zugeht oder sich bei der Wahl seines Spielzeugs Zeit läßt, unsicher, ängstlich oder antriebsarm.
Ebenso wenig sind alle Kinder, die gleich am Morgen,
wenn sie in den Kindergarten kommen, zielstrebig ihr
ganz bestimmtes Spielzeug holen, selbstbewußte und sichere Kinder, die sich in der Umgebung des Kindergartens wohl fühlen. Dies soll folgendes Beispiel deutlich
machen.

 Markus, 4;8 Jahre alt, kommt am Morgen sehr zeitig in den Kindergarten. Seine Mutter ist nicht unbedingt glücklich darüber, daß sie seinetwegen so früh aufstehen muß, aber sie gönnt ihm seine Freude, möglichst bald im Kindergarten zu sein. Erst im Laufe der Zeit wurde es der Mutter und auch der Erzieherin klar, daß es nicht die Freude am Kindergarten insgesamt war, sondern eher das Bedürfnis, einen sicheren Spielplatz und ein befriedigendes Spielzeug zu haben, damit der Kindergarten „auszuhalten" war. Markus ging morgens sofort eifrig auf den Baukasten zu, in dem außer den Quadern auch lange Klötze waren, die sich für den Bau von Straßen oder Brücken besonders gut eigneten. Markus baute mit Einfallsreichtum, bemühte sich aber kaum, andere Kinder einzubeziehen. Hin und wieder ließ er einzelne gewähren, wenn sie seine Vorschläge akzeptierten. Als an einem Tag ein anderes Kind vor ihm den Baukasten genommen hatte, fand Markus kaum Zugang zu anderen Kindern oder zu einem anderen Spiel. Lustlos probierte er das eine oder andere Spiel aus, legte es wieder weg und sah immer wieder sehnsüchtig zu dem Kind, das „seinen" Baukasten benutzte. Offensichtlich hatte er an dem Tag keine Freude an dem Aufenthalt im Kindergarten, weil ihm die „Spielsicherheit" durch das beliebte Spielmaterial fehlte.

Um aber die scheinbare Sicherheit zu einer wirklichen Sicherheit werden zu lassen und damit für das Kind den Kindergartenaufenthalt insgesamt positiver zu gestalten, wird der Erzieher Wege suchen müssen, ihm auch andere Aktivitäten erstrebenswert zu machen und andere Kinder als mögliche Spielgefährten in den Blick zu rücken.

3 Dem Kind werden die Menschen im Kindergarten bekannt

In der Kindergartengruppe hat ein Kind sehr viele und sehr unterschiedliche Möglichkeiten, Menschen zu begegnen und mit ihnen umzugehen. Es kann ihnen zusehen, zuhören, sich bei den verschiedenartigsten Kommunikationsformen einbeziehen lassen, sich beteiligen oder anderen helfen, Anteil an dem Geschehen zu nehmen. Es kann erleben, wie andere Kinder sich als einzelne verhalten, wie sie in kleineren Gruppen miteinander umgehen, wie sie ihm begegnen und auf sein Verhalten reagieren.

Dies alles ist hier mit den vielen Kindern in anderer Art und anderem Umfang möglich als in der (oft sehr kleinen) Familie oder Nachbarschaft.

Darüber hinaus erlebt jedes Kind, wie die Erzieher ihm begegnen, wie sie mit anderen Kindern, wie sie mit der gesamten Gruppe umgehen und welche Kinder mit den Erziehern in Austausch kommen. Es kann erfahren, wie Erzieher miteinander umgehen und welche Formen des Austausches Erzieher und Eltern finden und pflegen.

Längst nicht alle Verhaltensweisen basieren auf einer erzieherischen Absicht. Dadurch wird der Kindergarten ein Ausschnitt menschlichen Zusammenlebens überhaupt. Für die einzelnen Kinder wird er zu einer notwendigen Ergänzung des je individuellen Ausschnittes, den sie in ihrer bis dahin vertrauten Umgebung kennengelernt haben.

1. Kinder begegnen Kindern

Wie die Begegnungen der Kinder untereinander aussehen können und welche Erfahrungen dabei möglicherweise zu

machen sind, soll an einigen Beispielen aufgezeigt werden. Dabei sei darauf hingewiesen, daß die Begegnungen
der Kinder zum einen ganz ohne den Einfluß des Erziehers stattfinden können, zum anderen sozusagen „unter
seinen Augen" oder auch mit seiner direkten Beteiligung.

Die ersten Erfahrungen, die ein neu hinzukommendes
Kind mit den bereits zur Gruppe gehörenden Kindern
macht, können etwa so aussehen: Die einen bekommen
gar nicht mit, daß da jemand hinzukommt, den sie nicht
kennen. Andere sehen vielleicht einen Moment zu ihm hin
und wenden sich wieder ihrer augenblicklichen Beschäfti-
gung zu. Hier oder da wird ein Kind es anlächeln, ein anderes wird es vielleicht begrüßen oder auch eines es
ansprechen, es an der Hand nehmen und ihm etwas zeigen. Außerdem kann es aber auch Reaktionen geben wie:
Ein Kind schaut unwillig auf, wendet sich ab, streckt die
Zunge heraus oder fragt: „Was willst du denn hier?"
    Wie sich solche Formen der „Begrüßung" auf die Kin-
der auswirken, die mit ganz unterschiedlichem Mut oder
mit mehr oder weniger Freude in den Kindergarten kommen, soll hier nicht weiter erörtert werden. Von entsprechenden Erfahrungen und Empfindungen kann jeder
berichten, der als „Neuer" in eine Gruppe kommt.
    Alle Verhaltensweisen, die beobachtet werden, alle
Spielsituationen, denen ein Kind zusieht, können ihm etwas von den Gepflogenheiten vermitteln, die in der
Gruppe üblich sind, in die es sich einleben soll.
    Alle Begegnungsformen mit anderen Kindern geben
ihm Gelegenheit, sich in den unterschiedlichsten Formen
des Zusammenseins einzuüben.

Eine Matte auf dem Flur, die Heike (4;6), Uwe
(5;2) und Stephan (5;4) als Spielplatz benutzen.
Man hört diese drei Kinder schon von weitem.
Sie lachen, manchmal schreien sie auch, sie fordern sich lauthals auf: „Guck doch mal!" Sie
purzeln übereinander, können vor lauter La-
chen kaum aufstehen, „entknäuelen" sich mit Mühe; und immer
wieder müssen sie lachen, weil ihnen einfach alles so lustig vor-
kommt.

Ein kleiner Ausschnitt. Die Ursachen ihrer Ausgelassenheit bleiben unbekannt. Zu beobachten und zu vermerken ist: Niemand sagt ihnen: Seid nicht so laut; seid nicht so albern; paßt auf, ihr tut euch weh; ihr wißt, wie das endet! Offenbar ist ihnen die Ausgelassenheit erlaubt, gegönnt. Weiter im Hintergrund ist ein Erzieher, der weiß, daß es schön ist, Partner zu haben, mit denen man albern kann, die mitmachen, wenn man so schrecklich gerne lachen will. Er riskiert es, daß sie unter Umständen neben der Matte landen und dann vielleicht nicht mehr lachen. Er schätzt das Risiko als tragbar ein. Er kennt die Kinder. Eine Weile bleiben sie bei ihrer Ausgelassenheit. Dann scheinen sie „gesättigt". Sie können sich anderen Erlebnissen zuwenden.

Wie bewußt das von anderen Kindern beobachtet wird, läßt sich nicht immer ablesen. Aber ohne Auswirkung auf das Zusammenleben in der Gruppe werden solche Ereignisse nicht bleiben. „Die dürfen das" wird vielleicht zum Haupteindruck für ein Kind. Ob aber darauf schon gleich der Gedanke folgt: „Das möchte ich auch", oder: „Ich darf das auch", das wird der Erzieher nicht allemal erfahren.

Bärbel (4;6) und Steffi (4;9) sind Freundinnen. Sie spielen oft zusammen. Die Erzieherin hat den Kindern die Geschichte von den Hirten an der Krippe erzählt. Schon seit mehreren Tagen hängt ein Weihnachtsbild in der Gruppe. Offenbar haben die beiden Mädchen das erst jetzt entdeckt. Sie stehen davor, erzählen sich gegenseitig, was sie sehen. Sie sehen auch kniende Hirten mit gefalteten Händen. Sie ahmen das Knien und das Händefalten unmittelbar vor dem Bild nach. Dabei vergleichen sie ihre eigene Haltung mit der der Freundin und beide mit dem Bild. Es stört sie nicht, daß unmittelbar unter dem Bild ein Papierkorb steht. Im Gegenteil, er erscheint ihnen offenbar ganz brauchbar. So können sie die gefalteten Hände anlehnen, wie die Hirten sie an die Krippe anlehnen. Sie sind mit ihrer Haltung offenbar zufrieden. Obwohl in der Geschichte keine singenden Hirten vorkommen, fängt Steffi an, ein Weihnachtslied zu singen. Bärbel stimmt ein. Ein paar Kinder, die in der Nähe spielen, unterbrechen ihr Spiel einen Augenblick, sehen den beiden zu, hören ihrem Lied zu und spielen dann ihr eigenes Spiel weiter.

Es scheint durchaus selbstverständlich zu sein, daß jemand einmal ausprobieren muß, wie es sich „anfühlt", wenn man kniet und singt wie die Hirten. Weder die beiden Mädchen noch die zuschauenden Kinder finden dieses Verhalten unter dem Bild, vor dem Papierkorb zu knien und zu singen, komisch. Wer in seinen Eigenarten und mit seinen Interessen akzeptiert wird, der wird auch mit angemessener Hilfe lernen können, die Eigenarten anderer zu akzeptieren.

 Uwe ist 3;8 Jahre alt. Man merkt ihm an, daß er gerne mit den anderen Kindern spielen möchte, sich aber noch nicht traut, die anderen anzusprechen. In *einem* Bereich hat er eine Begegnungsmöglichkeit gefunden, die ihm in Zukunft vielleicht ein Stück Mut vermitteln kann, sich an den Spielen der anderen Kinder zu beteiligen. Jedenfalls die Erfahrung des Wohlwollens kann er bei Sandra (4;7) machen. Sie kümmert sich beim Mittagessen um Uwe. Er ist ein allzu langsamer und schlechter Esser. Sandra setzt sich beim Mittagessen in der Regel neben ihn. Sie spricht ihn an, wenn er sich von dem, was um ihn herum geschieht, zu stark ablenken läßt. Sie achtet darauf, daß er richtig kaut. Wenn die Ermahnungen nicht ausreichen, füttert sie ihn. Sie selbst teilt es der Erzieherin mit, wenn Uwe einmal schnell gegessen und richtig gekaut hat.

Sandra macht die Erfahrung: Sie wird gebraucht. Ob sie bei den Berichten von Uwes „Fortschritten" schon denken kann, daß sie sich damit eines Tages überflüssig machen könnte, bleibt offen. Für diese Erfahrung wird sie vielleicht die Hilfe der Erzieherin noch einmal nötig haben.

Was Uwe dabei lernt, ist zunächst, richtig zu essen. Wahrscheinlich lernt er dabei auch: „Es gibt Kinder, die unterstützen mich da, wo ich alleine noch nicht zurechtkomme."

 Sara (5;0 Jahre) kann besonders gut Geschichten erzählen. Sie braucht dazu ein Buch aus der Bilderbuch-Ecke. Mit diesem Buch auf dem Schoß erzählt sie den Kindern, die sich zum Mittagsschlaf hingelegt haben, Geschichten, die weit über das Buch und alles, was den Kindern daraus vertraut ist, hinausgehen.

Die Kinder hören gerne und interessiert zu. Gewiß nicht alle Kinder werden ihr dies nachtun wollen oder können. Die Erfahrung aber, wer Geschichten weiß, kann sie hier erzählen, und die andere Erfahrung, wer Geschichten erzählen kann, dem hören viele gerne zu, die machen alle Kinder.

So sammelt ein neues Kind hier diesen, dort jenen Eindruck, und es erlebt damit Ausschnitte, die sich erst nach und nach zu einem Gesamteindruck dieser Kindergruppe verbinden.

2. Kinder begegnen Erwachsenen und lernen sie kennen

Die Erzieher, denen die Kinder im Kindergarten begegnen, sind in jedem Fall andere Menschen als die, die sie bis dahin kannten. Sie sind noch jung oder schon älter, sie haben viel Berufserfahrung oder müssen sie erst noch erwerben, sie lassen sich mit „Sie" und „Frau X" oder „Herr Y" anreden oder auch mit Vornamen und mit „Du".

Das alles sagt noch nichts aus über ihre Beziehung zu den Kindern, über ihr Engagement, über ihre Freude an ihrem Beruf und die Art und Weise, ihn auszuüben. Die einen betonen stärker die Partnerschaft mit ihrer Kindergruppe, die anderen stärker die Verantwortung für sie. Beides, das Bemühen um eine gute Partnerschaft und die Übernahme der Verantwortung für die Gruppe der Kinder gehören zu der Erziehungsaufgabe, die der Erzieher übernimmt. Kein Erzieher wird behaupten wollen, daß die Anforderungen an ihn die gleichen seien wie die an die Kinder. Der Erzieher hat den Kindern gegenüber die längere Lebenserfahrung. Er ist der, der im Einzelfall die Konsequenzen des Handelns abschätzen kann und muß und von solchen Erwägungen seine Anforderungen an die Kinder ableitet. Auch Kinder erwarten von ihm ein anderes Verhalten als von den Gleichaltrigen. Sie wenden sich an ihn, wenn mit den Spielpartnern „nichts mehr geht". Wann immer ein Erzieher darauf reagiert, trifft er Ent-

scheidungen, die ihre Auswirkung auf das Zusammenleben aller haben. Schon am Beginn des Vormittags machen
die Kinder ihre Erfahrungen im Umgang mit ihren Erziehern. Der eine hat Zeit, er geht den Kindern entgegen und
begrüßt sie, fragt nach dem vorangegangenen Tag,
knüpft an gestern Erlebtes an oder weist auf heute zu Er-
lebendes hin. Vielleicht fragt er nach einem Freund, der
den gleichen Weg hat und sonst mit dem Kind zusammen
kommt. Bei alledem erfährt das Kind: „Ich bin gekannt,
ich bin dem Erzieher wichtig, er behält, was er von mir
weiß." Nicht selten wird von Kindern genau dieses Verhalten, nämlich ein Kind zu begrüßen und es nach seinem
Ergehen zu fragen, übernommen. Ein anderer Erzieher
ist vielleicht schon mit einigen Kindern in ein Gespräch
oder ein Spiel vertieft. Das neu hinzukommende Kind erlebt eine kurze, freundliche Begrüßung, aber kein weiteres Anteilnehmen an seiner Person. Die Erfahrung, die
hier gemacht werden kann, ist eine andere: Der Erzieher
wendet sich mir zu, obwohl er gerade mit den anderen
spielt, aber er wendet sich dann wieder den anderen zu,
weil sein Spiel mit ihnen jetzt im Vordergrund steht. Ein
Kind, das ein ähnliches Verhalten schon öfter erfahren
hat – auch an dem Platz derer, die gerade mit dem Erzieher spielen –, kann sich getrost anderen Kindern, anderen
Spielen zuwenden.

Kinder, die bis zum Beginn des Kindergartenbesuchs nahezu ausschließlich ihre Familie kennengelernt haben,
müssen viel dazulernen, wenn sie sich unter 20–25 Kindern wohlfühlen sollen, für die im Höchstfall nur zwei
Erwachsene da sind. Für ein solches Kind ist es nicht
leicht, zu verstehen, daß „der Lars" den halben Vormittag
an der Hand des Erziehers bleiben darf, während er selbst
angeregt wird, mit den anderen Kindern zu spielen. Läßt
sich mit einer solchen Anregung schon vermitteln „Du bist
mir ebenso lieb wir der Lars. Dein Spiel mit den anderen
Kindern macht mir meine Aufgabe, die ich jetzt an dem
Lars zu erfüllen habe, leichter. Auf *diese* Weise brauche
ich dich jetzt."? Mag sein, daß schon eine Zusicherung

wie: „Ich komme mit dem Lars später bei euch vorbei, und
wir sehen euch zu!" dem Kind zu mehr Verstehen verhilft.
An einem anderen Tag hat der Erzieher wieder unge-
teilt Zeit. Auf diese Weise erfährt jedes Kind: Der Erzieher verhält sich nicht alle Tage gleich, nicht jedem Kind
gegenüber gleich, aber er bleibt unveränderlich der, der
einem hilft, sein Handeln zu verstehen und akzeptieren
zu lernen.

Einem anderen Menschen *erklären,* daß ich grundsätzlich schon mit ihm austauschen will, nach ihm frage, an
ihm Anteil nehme, aber im Augenblick anderen zugewandt bin, die mich auch brauchen; den anderen also
nicht mit dem allzu üblichen Gebaren abweisen: Du mußt
doch sehen, daß ich jetzt keine Zeit habe – ist ein Verhalten, das nicht nur im Kindergarten zu einem guten Klima
im Zusammenleben vieler beiträgt.

In vielen Kindergärten ist es üblich, die Kinder zu bestimmten Unternehmungen in kleinere Gruppen aufzuteilen. Kochen, Backen oder kompliziertere Dinge herstellen läßt sich nicht gut mit 25 Kindern gleichzeitig tun.
Wie erleben die Kinder den Erzieher in solchen Situationen, in denen er eine Auswahl trifft? Ist er der, der einfach die einzelnen Kinder ruft und ihnen mitteilt: „Heute
darfst Du mit backen!" Ist er gar der, der ein Kind nach
dem andern von seinem Spiel wegholt und an der Türe
aufstellt, ohne zu erläutern, was jetzt auf sie zukommt?
Oder ist er der, der Überlegungen angestellt hat, um das
Backinteresse abzuschätzen und verstehbare Argumente
für eine Aufteilung in Gruppen vortragen und die Kinder
an solchen Abwägungen beteiligen kann? Es wird für die
einzelnen Kinder nicht in gleichem Maße leicht sein zu erkennen, daß solche Überlegungen notwendig sind und ihnen allen zugute kommen. Nur die wiederholte Erfahrung kann ihnen die Sicherheit verschaffen, zu glauben,
daß der Erzieher jedes einzelne Kind in seinem Interesse
und seinem Bedürfnis ernst nimmt.

Bei den Spielen in der Gesamtgruppe kann ein Kind weitere Formen unterschiedlichen Umgangs des Erziehers

mit einzelnen Kindern erleben. Dieses Kind wird ermutigt, mitzuspielen, eine Rolle zu übernehmen, jenes muß etwas zurückgehalten werden, weil es jede Rolle immer wieder einnehmen möchte; ein Kind wird vielleicht bei der Übernahme einer bestimmten Rolle von dem Erzieher unterstützt und begleitet, ein anderes korrigiert, weil es die Rolle nicht so spielt, wie die Regel es erfordert. Den für jedes einzelne Kind notwendigen Anteil an Erklärung findet der Erzieher erst im Laufe des Kennenlernens heraus, und die Kinder, die das beobachten und miterleben, lernen sowohl den Erzieher als auch die einzelnen Kinder in ihren individuellen Fähigkeiten und Möglichkeiten kennen.

In alledem werden wichtige Regeln für das Zusammenleben in Gruppen grundgelegt.

Wie weit aber auch Erzieher durch Verhaltensweisen der Kinder beeinflußt werden und dann in einer dadurch veränderten Weise den Kindern begegnen, soll an den weiteren Beispielen veranschaulicht werden.

 In dem Praxisbericht einer Fachschülerin heißt es: „Um 7.30 Uhr wird der Kindergarten geöffnet. Ich war schon etwas eher da und stand mit einem sechsjährigen Jungen vor verschlossener Tür. Ganz ungehemmt sprach er mich auch gleich an und zeigte mir stolz seine Wundertütenbildchen, die er sich kurz vorher gekauft hatte. Zwischendurch fragte er mich nach meinem Namen und ob ich die neue Praktikantin sei. Ich bejahte es ihm, und er sagte, daß er Freddy heiße. Als dann so langsam immer mehr Kinder kamen und eine Erzieherin die Tür aufschloß, fragte Freddy mich: „Stimmt's, wir beide haben uns doch schon angefreundet?" Über diese Frage habe ich mich sehr gefreut, denn wenn man neu als Praktikantin in einen Kindergarten kommt, ist es schön, eine so herzliche Frage von einem Kind gleich zu Beginn zu hören. Ich fühlte mich irgendwie aufgenommen."

Ob Freddy die Unsicherheit der Praktikantin nachempfunden hat, läßt sich nicht eindeutig sagen, aber die Praktikantin drückt aus, daß sie sich durch Freddy ein Stückchen sicherer fühlte.

Eine Erzieherin hatte an einem Tag ausnahmsweise eine besonders kleine Gruppe. „Wir sind heute ja nur sieben", sagte Matthias, der schon so weit zählen konnte und das bei jeder möglichen Gelegenheit tat. Maren: „Haha, wie die sieben Geißlein." Damit war eine Spielidee geboren, die akzeptiert und in die Tat umgesetzt wurde. Die Erzieherin mußte die Geißenmutter sein, Regie führte Angela. Sie genossen es zuerst einmal, eine Geißenmutter mit sieben Geißenkindern zu sein. Ehe das Märchen „richtig" nachgespielt wurde, machten zuerst alle zusammen einen Ausflug. Das Kleinste kam in den Puppenwagen. Angela schob ihn. So zog die Geißenfamilie auch durch die Nachbargruppe. Da wollten einige Kinder wissen, was das denn für ein meckernder Umzug sei. Eine „Geiß" erklärte. „Und wer ist euer Wolf?" Der war bis dahin noch gar nicht berücksichtigt worden. Es gab einen Interessenten, und das Märchen konnte „ordnungsgemäß" gespielt werden. Zuschauer wurden nicht gebraucht.

Nicht die Erzieherin lenkt das Spiel. Auch Angela kann diese Rolle übernehmen. Die übrigen Kinder irritiert das keineswegs. Sie bleibt die Erzieherin, aber in der Rolle der Geißenmutter hält sie sich an die Spielregeln, die Angela vorgibt. Es wird das Spiel der Kinder, in das die Erzieherin mit großer Selbstverständlichkeit einbezogen ist.

Ein letztes Beispiel mag deutlich machen, wie weit ein Kind (fast 6 Jahre alt) in der Lage ist, sich in das Empfinden einer Erzieherin hineinzuversetzen und dies auch zum Ausdruck zu bringen.

Andrea gehört zu der Kindergruppe, die vom Kindergarten entlassen wird und eingeschult werden soll. Bei der Abschiedsfeier sitzt sie neben der Erzieherin. Die Kinder spielen und singen, und dann steht ein Vater auf und richtet seinen Dank an die Erzieherin. Sie fühlt sich einerseits gut verstanden, andererseits fällt ihr in dieser Situation auch ein, was sie alles noch nicht so gut gekonnt hat und wo sie den Kindern nicht ganz gerecht worden ist. Es tut ihr leid, daß diese Gruppe jetzt Abschied nimmt. Ganz unauffällig wischt sie die nicht zurückzuhaltenden Tränen weg. Andrea hat das gesehen. Sie tippt ihre Erzieherin mit der Hand leicht an den Arm und sagt: „Nee, jetzt tut es dir leid, daß du uns manchmal ausgeschimpft hast!" Für die Erzieherin klingt das nicht etwa wie ein Triumph. Sie kennt Andrea gut genug, um zu wissen, wie

liebevoll verstehend sie das meint. Sie nickt ihr zu und legt ihren
Arm um das Kind. Andrea lehnt sich leicht an und ihr „Laß mal"
hilft der Erzieherin, sich lächelnd wieder zu fassen.

Für diese Erzieherin wurde das kurze Erlebnis zu einer
wichtigen Erfahrung im Hinblick auf die Wechselwir-
kung zwischen Kindern und Erzieherin: Nicht nur der Erzieher hat das Bedürfnis und das Bestreben, die Kinder
gut zu kennen, weil die Kinder das „zu ihrem Wohlbefin-
den brauchen", sondern auch der Erzieher „braucht" es,
von den Kindern gut gekannt und richtig verstanden zu
werden.

Beide lernen sich nicht nur durch den unmittelbaren
Austausch miteinander kennen. So wie die Erzieher ihre
Kinder durch Beobachten kennenlernen, machen auch die
Kinder dadurch Erfahrungen, daß sie die Erzieher im
Umgang miteinander erleben.

Von Praktikanten ist zu erfahren, daß die Kinder im Kindergarten oft sehr genau beobachten, wer in der Gruppe
die „letzte Verantwortung" hat. Es ist für Kinder nicht
unwichtig, zu erleben: Das Maß der Zuständigkeit kann
unterschiedlich sein, die gegenseitige Achtung aber muß
durch diese Tatsache nicht beeinträchtigt sein. Wo zwei
Erzieher mit gleicher Verantwortung in einer Gruppe arbeiten, kostet es sie einen besonderen Einsatz, den Kindern die *gleiche* Kompetenz verständlich zu machen. Die
Stellung eines Praktikanten innerhalb des Teams, zu der
er selbst, aber auch die „erfahrenen" Erzieher beitragen,
hat ihre Auswirkung auf die Reaktionen der Kinder. Er
kann ruhig Praktikant sein, mit all den Merkmalen, die
dazu gehören: Ein zeitlich begrenzter Aufenthalt, für ihn
fremde Kinder, fremde Erwachsene, unbekannte Üblich-
keiten der Einrichtung, unter Umständen noch keine Erfahrung im Umgang mit Kindern, Beobachtet- und
Beurteiltwerden von Praxisanleitern und von Lehrern.
Wenn die Erzieher ihn in dieser Rolle ernst nehmen, werden die Kinder das auch übernehmen können. Wenn er
selber diese Rolle akzeptiert, werden die Kinder ihn in
dieser Rolle auch akzeptieren lernen. Das Beispiel auf

S. 39 zeigt, daß ein Kind zur Ermutigung beitragen kann, wenn es die Situation des Praktikanten erkennt.

Welches Bild ein Kind von den Erziehern hat, wird in Einzelfällen sichtbar, wenn Kinder die Rolle der Erzieher in ihren Spielen übernehmen. Es wird auch da sichtbar, wo Eltern mit den Erziehern über die Berichte ihrer Kinder von den Erfahrungen aus dem Kindergarten austauschen. Bei jeder Form des Berichtes ist es notwendig, daß die Erwachsenen sich dessen bewußt sind: Ein Kind wählt aus, verändert vielleicht auch je nach Eindruck und Verständnis. In diesen Formen kann die Rückmeldung, die die Kinder geben, für die Erzieher hilfreich sein. Schließlich leben sie einen großen Teil ihres Tages vor den Augen der Kinder und in dem Bewußtsein einer großen Beeindruckbarkeit vieler Kinder, denen sie helfen wollen, Formen des Umgangs miteinander zu finden, die das Zusammenleben lohnend machen.

So hilfreich es für Erzieher ist, mit Eltern in einen guten Austausch zu kommen, so notwendig ist es für Kinder, diesen Austausch als eine Begegnung gegenseitigen Wohlwollens zu erleben. Wie immer Eltern sich einem Kind gegenüber verhalten, sie gehören sehr nah zu ihm. Ihre Anerkennung, ihre positive Einschätzung durch die Erzieher, bestätigt auch das Kind in seiner individuellen Eigenart und in der Zugehörigkeit zu seiner Familie. Dabei soll keineswegs vergessen sein, daß nicht alle Begegnungen zwischen Eltern und Erziehern nur harmonisch verlaufen können. So notwendig in manchen Fällen auch harte Auseinandersetzungen sein können, so wenig sind diese allerdings geeignet, vor den Augen und Ohren der Kinder ausgetragen zu werden.

4

Das Ziel der pädagogischen Bemühungen um soziales Verhalten

Der Kindergarten ist die erste außerfamiliäre Institution, in der Kinder das Zusammenleben in einer größeren Gemeinschaft von etwa Gleichaltrigen erfahren. Die Lebensbedingungen im Kindergarten sind für die Kinder nicht mehr die der Familie und noch nicht die der Schule. Der vertraute Kreis der Familie wird erweitert. Die Kinder lernen einen weit größeren Kreis weit weniger vertrauter Menschen kennen. Sie erfahren andere, ihnen noch unbekannte soziale Verhaltensweisen und sind vor die Aufgabe gestellt, darauf zu reagieren. Wenn auch im Kindergarten der Wissensstand der Kinder erweitert wird, ein breites Spektrum von Fähigkeiten und Fertigkeiten weiter ausgebildet wird, so hat doch hier die soziale Entwicklung im Vergleich zur Schule einen besonders hervorgehobenen Stellenwert. Und diese soziale Entwicklung muß nicht zu einem bestimmten Zeitpunkt ein bestimmtes Ziel erreicht haben. Die Erziehungsarbeit im Kindergarten wird unter einem größeren Einblick der Öffentlichkeit geleistet als in der Familie. Dennoch arbeiten Erzieher nicht nach einem verbindlichen Lehrplan, wie die Schule ihn vorgibt. In verschiedenen Bundesländern sind Kindergartengesetze erlassen oder Rahmenrichtlinien herausgegeben, die innerhalb der Ausführungen über den Kindergarten-Auftrag auch Ziele der Sozialerziehung mehr oder weniger ausführlich nennen, z. B.:

In Bayern[3]:
„§ 5
Sozialerziehung
(1) Ziel der Sozialerziehung ist es, das Kind eine gegenüber der Familie erweiterte Gruppenzugehörigkeit und Gemeinschaft er-

fahren zu lassen, indem es lernt, Sozialverhalten innerhalb einer Gruppe zu verwirklichen, selbst Beziehungen aufzunehmen sowie Sozialverhalten auch in Begegnung mit anderen Gruppen und der Gesamtgesellschaft zu entwickeln.

(2) Im Rahmen des Absatzes 1 soll das Kind lernen, in altersgemäßer Selbständigkeit und Verantwortlichkeit

sowohl

eigene Bedürfnisse und Interessen zur Geltung zu bringen,

eigene Gefühle und Ansichten zu äußern,

sich Angriffen anderer zu erwehren,

als auch

Bedürfnisse der anderen zu bejahen,

eigene Bedürfnisse zurückzustellen,

Alternativen zu finden und anzubieten,

bei Konflikten nach angemessenen Lösungen zu suchen,

Partnerschaften einzugehen und Freundschaften zu schließen,

Verantwortung für andere zu übernehmen und für Schwächere und Behinderte einzutreten,

fremde Lebensformen, Verhaltensweisen, Weltanschauungen und Einstellungen zu achten" (S. 12/22).

In Nordrhein-Westfalen[4]:

„§ 2

Auftrag des Kindergartens

(3) Der Kindergarten hat außerdem die Aufgabe, das Kind unterschiedliche soziale Verhaltensweisen, Situationen und Probleme bewußt erleben zu lassen und jedem einzelnen Kind die Möglichkeit zu geben, seine eigene soziale Rolle innerhalb der Gruppe zu erfahren, seine positiven Wirkungsmöglichkeiten und Aufgaben innerhalb eines demokratischen Zusammenlebens zu erkennen und demokratische Verhaltensweisen zu üben" (S. 534).

Im Saarland[5]:

„6.2.2. Absichten und Ziele

Allgemeine Ziele

Soziale Erziehung im vorschulischen Alter soll den Erwerb von Fähigkeiten unterstützen, die es ermöglichen, mit einzelnen Menschen oder Gruppen in möglichst kompetenter Weise zu interagieren. Dabei soll das Kind erfahren, daß das Leben mit anderen zusammen für es selbst und für andere befriedigend sein

[3] Bayerisches Staatsministerium für Unterricht und Kultus / Prof. Hans Maier, Staatsminister: *Verordnung über die Rahmenpläne für anerkannte Kindergärten* (4. DVBayKiG) vom 25. September 1973.

[4] Kindergartengesetz Nordrhein-Westfalen. Vgl. Anm. 1.

[5] Hrsg. Saarland, Der Minister für Kultus, Bildung und Sport: *Schulreform an der Saar.* Rahmenrichtlinien für vorsch. Erziehung im Saarland. Saarbrücken 1978.

kann, daß es gewisse Bedingungen und Erwartungen erfüllen
muß, um von anderen Menschen als Partner akzeptiert zu werden, und daß es sich selbst bemühen kann und sogar muß, das
Leben in der Gruppe aktiv zu gestalten" (S. 70).

Mit dieser Auswahl von Rahmenrichtlinien und Gesetzes-
texten sind dem Erzieher wesentliche Grundlagen für sein
pädagogisches Handeln aufgezeigt. In den zitierten Formulierungen kommen Vorstellungen von einem wün-
schenswerten Sozialverhalten zum Ausdruck, wie sie etwa
in den letzten zehn bis fünfzehn Jahren zum pädagogischen Allgemeingut geworden zu sein scheinen.

   Dennoch bedürfen sie der Erläuterung und Konkreti-
sierung. Wenn eigene und fremde Bedürfnisse ihre Berechtigung haben und befriedigt werden sollen, bleibt die
schwierige Entscheidung zu treffen, wann und warum
wessen Bedürfnisse vorrangig sind.

   Wenn erlernt werden soll, Verantwortung für andere
zu übernehmen, darf nicht übersehen werden, daß ebenso
erlernt werden muß, Verantwortung abzugeben, sie anderen zu überlassen.

   Wenn erlernt werden soll, für Schwächere einzutreten,
muß gefragt werden, in welchen Bereichen und welchen
Situationen wer der Schwächere ist.

   Wenn demokratische Verhaltensweisen geübt werden
sollen, ist zu fragen, wie solches Üben im Kindergarten
aussehen kann; gewiß nicht in erster Linie durch Abstim-
men und Bilden von Mehrheiten, die dann Entscheidungen treffen.

Außerdem ist es für den einzelnen Erzieher nicht unwichtig zu bedenken, welche Vorstellungen er selbst von einem „guten oder angemessenen Sozialverhalten" – nicht
nur für den Kindergarten, sondern überhaupt – hat. Seine
eigenen Lebenserfahrungen werden ihm deutlich gemacht
haben, daß das Zusammenleben in größeren oder kleineren Gruppen von jedem einzelnen sehr differenzierte Fähigkeiten erfordert. Solche Fähigkeiten lassen sich nicht
nur als Verhaltensweisen des einzelnen gegenüber anderen charakterisieren, sondern müssen auch jeweils die

Auswirkungen auf den anderen, d. h. das Wechselspiel als Gesamtes, berücksichtigen und von daher bewertet werden. Es gibt sicher soziale Verhaltensweisen, die absolut negativ sind; aber bei weitem nicht alle Verhaltensweisen einem anderen Menschen gegenüber, die auf den ersten Blick positiv erscheinen, sind auch in ihrer Auswirkung auf den anderen in jedem Fall positiv oder absolut richtig. So müßten die folgenden allgemein formulierten und als solche wohl auch allgemein anerkannten Teilziele sozialen Verhaltens jeweils mit entsprechenden Fragen versehen werden, um für die Entscheidung in einer konkreten Situation brauchbar und hilfreich zu sein. Etwa so:

„Menschen müssen lernen, einander zu helfen" – mit Fragen wie:

- Wann bin ich selber gefragt als der, der dem andern seine Hilfe anbieten muß?
- Wann halte ich mich besser zurück, damit der andere erfährt, daß er auch alleine mit der ihm zugemuteten Aufgabe fertig werden kann?
- Wann kann es auch angemessen sein, zu sagen: „Ich nicht, jetzt nicht, dazu reichen meine augenblicklichen Fähigkeiten, dazu reicht meine Zeit nicht aus?"
- Wann bin ich selbst überhaupt der, der Hilfe braucht?
- Wann kann ich den anderen darum bitten?
- Wann ist es richtiger, ich bemühe den anderen nicht und versuche zuerst, alle meine eigenen Möglichkeiten auszuschöpfen?

„Menschen müssen lernen, miteinander zu sprechen" – mit Fragen wie:

- Was habe ich dem anderen zu sagen?
- Wann ist es wichtig, dem anderen mitzuteilen, was mir bekannt ist?
- Wann ist es überhaupt richtig zu reden?
- Wann wäre es weit richtiger, dem anderen zuzuhören?
- Wann kann ich auch dem anderen zumuten, mit seinem Reden aufzuhören und mich in Ruhe zu lassen?
- Wann kann ich einen anderen darum bitten, mir zuzuhören?
- Wann behalte ich besser für mich, was mich beschäftigt?
- Wann muß ich ertragen, daß es dem anderen nicht möglich ist, mir zuzuhören?"

„Menschen müssen lernen, Aufgaben gemeinsam zu bewältigen" – mit Fragen wie:

– Wie wird die Aufgabe aufgeteilt?
– Wer trifft die Entscheidung?
– Wer übernimmt welchen Teil der Aufgabe?
– Nach welchen Überlegungen sollen Aufgaben übernommen werden?
– Soll ich meine speziellen Fähigkeiten anbieten?
– Ist es richtiger, einem anderen die Chance des Ausprobierens und Sich-Bewährens zu überlassen?
– Soll ich jemanden bitten, einen bestimmten Teil zu übernehmen, weil er in dem Bereich besondere Fähigkeiten hat?
– Überlasse ich ihm die Entscheidung, ob er sich zur Verfügung stellen will?
– Muß ich mich zurückhalten, wenn ein anderer die Aufgabe besser und richtiger lösen kann?
– Kann ich jemandem sagen, du bist zu unsicher, laß das einen anderen übernehmen?"
– Darf es auch Aufgaben geben, bei denen ich allein meine eigene Vorstellung zur Verwirklichung bringe?
– Kann es nicht auch Aufgaben geben, die ich in jedem Fall allein übernehmen muß; die mir keiner abnehmen kann?

„Menschen müssen lernen, einander Vertrauen entgegenzubringen" – mit Fragen wie:

– Wem kann ich anvertrauen, was mich beschäftigt; kenne ich ihn gut genug?
– Wen belaste ich damit zu sehr, daß ich ihm meine Belastung zumute?
– Wo ist es angemessener, Dinge, die mich beschäftigen, für mich zu behalten?
– Welche Situation erfordert es, dem anderen zu sagen: „Erzähle es mir besser nicht, ich kann das nicht so gut für mich behalten, ich möchte kein Geheimnis mit dir teilen, das ich dem anderen nicht mitteilen könnte"?
– Wo verletze ich einen anderen, wenn ich ihm mein Vertrauen entziehe; gibt es Gründe dafür, dies zu tun, die ich ihm verständlich machen kann?
– Wo kann ich – oder wo muß ich – kein Vertrauen aufbringen?
– Wo kann zu leicht geschenktes Vertrauen zur sträflichen Vertrauensseligkeit führen und mir und anderen zur Gefahr werden?

„Menschen müssen lernen, aneinander Anteil zu nehmen" –
Das schließt die Anteilnahme an der Freude, aber auch an der Bedrückung oder dem Leid des anderen ein – mit Fragen wie:

- Stehe ich ihm so nah, daß ich meiner Anteilnahme an seiner Freude (seinem Leid) Ausdruck geben kann?
- Kann ich meine Freude so laut kundtun, daß andere damit zur Anteilnahme herausgefordert werden?
- Kann ich das Leiden des anderen so gut verstehen, daß ich meine Anteilnahme ausdrücken kann?
- Finde ich die Form des Teilnehmens, die der andere braucht?
- Wäre dem anderen wohler, wenn ich mich mit meinem Anteilnehmen in jeder Form zurückhielte?"

„Menschen sollten lernen, einander gern zu haben" – mit Fragen wie:

- Muß ich das von mir verlangen bzw. muß ich mich wenigstens darum bemühen, alle Menschen gern zu haben?
- Gibt es nicht auch die Berechtigung, einen unter vielen Menschen zu bevorzugen?
- Kann und muß es nicht sogar eine Aufgabe für mich sein, mit anderen Menschen in unterschiedlicher Nähe bzw. Distanz umzugehen?
  Wenn dies bejaht wird, so ließe sich weiter fragen:
- Wem kann ich das zeigen, daß und wie gern ich den anderen habe?
- Ist dieser Mensch überhaupt einer, den ich mit meiner Zuneigung glücklich mache – oder bedränge und überfordere ich ihn damit?
- Entspricht mein Maß an Zuneigung ihm gegenüber auch dem seinen mir gegenüber?
- Kann ich für meine Zuneigung zu dem anderen Menschen Ausdrucksformen finden, die die angemessene und gebotene Distanz nicht verletzen?
- Wem kann ich deutlich machen, daß ich gerne der Zuneigung des anderen sicher sein möchte?

So wird in vielen Situationen zu fragen sein: Bin ich der geeignete Mensch, um das zu leisten, was der andere gerade braucht? Ist der andere der, dem ich das, was ich an Fähigkeiten oder Empfindungen habe, entgegenbringen kann oder sollte?

Soziales Verhalten bezieht sich nicht nur auf die Begegnung zweier Menschen, sondern auf jede Konstellation menschlichen Zusammenseins überhaupt, auf alle Grade von Nähe und Distanz, alle Variationen von Vertrautheit und alle Formen von Zuneigung oder Abneigung. Soziales Verhalten kann sich abspielen unter Menschen,

- die absichtlich, zufällig oder völlig ungewollt zusammen sind;
- die sich flüchtig, regelmäßig oder zu bestimmten Anlässen begegnen;
- die ein gleiches Interesse oder ein gleiches Schicksal verbindet;
- die in Gruppen zusammen sind, in denen alle die gleiche Kompetenz haben, oder aber die Kompetenzen ganz unterschiedlich verteilt sind;
- die in Abhängigkeit voneinander stehen;
- die aufeinander angewiesen sind;
- die sich aufeinander verlassen können.

Wenn man sich diese ganz verschiedenen Ausgangslagen und Voraussetzungen vergegenwärtigt, so wird daran noch einmal mehr deutlich, daß die oben genannten und jeweils vorangestellten Teilziele so allgemein, wie sie formuliert sind, eigentlich gar nicht stehen bleiben können, sondern für jede anstehende Entscheidung neu ausgelegt werden müssen. Nicht nur der Ausgangspunkt jedes Menschen ist ein anderer; nicht nur die Situation, in der er handeln muß, ist jedes Mal eine andere; auch die Einfluß nehmenden Erzieher – wenn es um Entscheidungen für Kinder oder mit Kindern geht – sind immer andere.

Erzieher werden die Akzente bei ihren Zielvorstellungen von einem angemessenen Sozialverhalten unterschiedlich setzen. Einer wird stärker betonen, der einzelne müsse die eigenen Fähigkeiten seinen Mitmenschen zur Verfügung stellen. Ein anderer wird besonders hervorheben, der einzelne müsse die Fähigkeiten der Menschen in seiner Umgebung sensibel berücksichtigen. Ein dritter könnte das Gleichgewicht zwischen den Anforderungen an den einzelnen und den Anforderungen an die mit ihm lebende Gruppe unterstreichen. In allen Fällen wird über die eigene Einstellung hinaus festzuhalten sein: Soziales Verhalten, das als positiv beurteilt werden soll, ist nie ein ein für allemal richtiges Verhalten. Ein Ziel läßt sich am ehesten so formulieren, daß ein Mensch lernen muß, sein Verhalten abwägend einzustellen auf seine eigenen Fähigkeiten und Bedürfnisse, auf die Menschen, denen dieses Verhalten zugute kommen soll, auf gegenwärtige Umstände und mögliche Folgen. Damit wird deutlich, daß das Ziel des sozialen Verhaltens nicht als ein zu einem bestimmten Zeitpunkt endgültig erreichbares Ziel zu beschreiben ist, sondern als eines, das als Lebensaufgabe angesehen werden muß.

Soziales Verhalten, das *im Kindergarten* erlernt werden soll, ist nicht etwas grundsätzlich anderes, als was jeder Mensch, der über das Kleinkindalter hinausgewachsen ist, auch erlernen muß. Wenn das Ziel nicht einen Endpunkt, sondern eher eine Richtung angibt, dann müssen alle kleinen Lernschritte in diese Richtung gehen.

Dem Erzieher stellt sich dann die komplizierte Frage: Welche Erfahrungen tragen dazu bei, daß Kinder die angestrebten Formen des Umgangs miteinander auf die Weise erlernen können, die ihrem Entwicklungsstand entspricht?

Auch ein kleines Kind ist fähig zu lernen, *einem anderen Kind zu helfen.* Wo Hilfsbedürftigkeit sinnfällig ist, haben Kinder in dieser Altersstufe oft keine Schwierigkeiten, unmittelbar zu helfen. Es entspräche ihnen nicht, im Augenblick darüber nachzudenken, ob das jetzt angemessen sei oder nicht. Ebenso können sie in dieser Altersstufe auch an deutlich erkennbarer Hilfsbedürftigkeit vorübergehen, wenn der andere ihnen noch sehr fremd ist oder sie mit ihren Gedanken ganz anders beschäftigt sind.

Ebenso können kleine Kinder lernen, *miteinander zu sprechen.* Sicher können sie die Angemessenheit von reden und reden lassen noch nicht bewußt kontrollieren. Vielen Kindern dieser Altersstufe entspräche es eher, – unbekümmert darum, ob angemessen oder nicht – vertrauensvoll von Erlebtem zu berichten; vorauszusetzen, daß andere das ebenso interessiert; auch hingegeben zuzuhören und ihr eigenes Bedürfnis, etwas zu berichten, im Augenblick darüber zu vergessen.

Auch kleine Kinder können lernen, *Aufgaben gemeinsam zu bewältigen.* Häufig haben sie keine Skrupel, einem anderen Kind einen bestimmten Teil einer Aufgabe zu übergeben, selbst einen anderen Teil zu übernehmen und in Arglosigkeit damit zu rechnen, daß das so richtig und in Ordnung sei.

Einem anderen Menschen *Vertrauen entgegenzubringen,* fällt vielen kleinen Kindern weit leichter als Erwachsenen. Je nach ihren Lebenserfahrungen lehnen sie sich vertrauensvoll an den Erwachsenen an und lassen ihn an ihrem Empfinden und Erleben uneingeschränkt teilnehmen.

Ein *trauriges Kind trösten,* ist eine Handlung, die bei kleinen Kindern häufig ganz unmittelbar erfolgt, ohne jedes Reflektieren und Abwägen. Sich mit jemandem freuen, gelingt da am ehesten, wo sie selbst zu der Freude beigetragen haben.

Auch *ein anderes Kind gernhaben* und dem auf unreflektierte und ungeteilte Weise Ausdruck verleihen, ist eine Lebens- und Empfindungsäußerung, die einem kleinen Kind durchaus entspricht.

Es scheint fast so, als hätten die Kinder dieser Altersstufe damit den Erwachsenen fast alles voraus, was diese erst mit Mühe im Laufe ihres Lebens erlernen müssen. Wo die bisherigen Lebenserfahrungen die Kinder nicht etwas ganz anderes gelehrt haben, gehen sie mit größerer Arglosigkeit, mit größerem Vertrauen und größerer Ungeteiltheit auf andere Menschen zu. Erst die Reaktionen, auf die sie stoßen, lehren sie, daß solches Verhalten unter Umständen nicht um jeden Preis angebracht ist.

Was die Erziehungsaufgabe aber dennoch notwendig macht, ist dies: Nicht alle Arglosigkeit soll abgebaut werden, nicht alles Vertrauen soll in Frage gestellt werden, nicht alle Ungeteiltheit soll aufgelöst werden und nicht alle Unmittelbarkeit soll einem bewußten und reflektierten Handeln weichen, sondern die je im Augenblick angemessene Verhaltensweise soll erlernt werden.

Und das ist es, was die Aufgabe für den Kindergarten so schwer macht: Ein kleines Kind braucht zunächst genaue Regeln, an die es sich halten kann. Woran soll es sich aber orientieren, wenn die Regeln gar nicht konstant sein können? Wie läßt es sich für Kinder erfahrbar machen, wann das eine und wann das andere Verhalten das richtigere ist? Es wird immer der erlebte Einzelfall sein, in dem ein Kind sein Handeln als positiv oder negativ erfährt. Erst viele Wiederholungen können einen Teil dazu beitragen, positive Verhaltensweisen auf andere Situationen angemessen übertragen zu lernen.

Wenn kleine Kinder also erfahren, das gleiche Handeln wird von dem Erzieher einmal als positiv und richtig und ein anderes Mal als negativ und falsch beurteilt, dann brauchen sie diesen Erzieher als einen Menschen, der ihnen in allen Fällen konstant zugetan bleibt. Sein Reagieren soll weder zu Verunsicherung, noch zu Desorientierung führen. Wenn ein Erzieher den Kindern seine eigene wache und sensible Unsicherheit und Behutsamkeit bei seinen Überlegungen und Stellungnahmen vermitteln könnte, dann wäre damit ein wichtiger Schritt in die Richtung getan, die angestrebt wird.

Wenn nun eine zu vermeidende Verunsicherung der Kinder nicht zusätzlich dadurch entstehen soll, daß zwei Erzieher in der gleichen Gruppe arbeiten, dann ist es für beide unerläßlich, sich über ihre Zielvorstellungen auszutauschen. Jeder Erzieher bringt andere Voraussetzungen mit und wird darum seinen Schwerpunkt anders setzen. Wer z. B. zurückhaltend ist, wird entweder diese Zurückhaltung als anstrebenswert ansehen oder aber gerade die Erziehung zu einem gegenteiligen Verhalten, wie etwa: „Sich-Behaupten", „Seine-Rechte-geltend-Machen" für wichtig halten. So können die eingeübten, gewohnten Verhaltensweisen die Zielformulierung in der einen oder anderen Richtung beeinflussen. Das Gespräch mit dem Kollegen, bei dem nach Begründungen für eigene Ziele gesucht wird, stabilisiert oder verunsichert den eigenen Standpunkt und macht damit weitere Überlegungen notwendig.

Nicht jeder einzelne Schritt, den ein Erzieher für richtig hält, muß genau mit dem seines Kollegen übereinstimmen. Wo gäbe es nicht mehrere Wege, die zu dem gleichen Ziel führen oder gar vertretbare Umwege, auf denen man letzten Endes auch bei dem gleichen Ziel ankommt? Aber die Richtung, auf die hin erzogen werden soll, die muß übereinstimmend formuliert werden, damit die Einzelschritte von daher entschieden werden können.

Im ersten Kapitel wurde die mögliche Verschiedenartigkeit der Elternhäuser, aus denen die Kinder kommen, geschildert. So ist nicht anzunehmen, alle Eltern hätten fraglos die gleichen Erziehungsziele wie der Kindergarten. Das macht den Austausch zwischen Eltern und Erziehern zu einer unverzichtbaren Notwendigkeit. Weder Erziehern noch Eltern dürfte es unwichtig sein, was der andere „Erziehungspartner" mit seiner Erziehung anstrebt. Auch dabei werden die unterschiedlichen Lebenserfahrungen und Lebenserwartungen eine große Rolle spielen. Möglicherweise könnte eine Diskussion zwischen Eltern und Erziehern, in der das Ziel des sozialen Verhaltens formuliert werden soll, den Beteiligten selber ihren eigenen Entwicklungsstand im Hinblick auf dieses Ziel bewußt machen. Wer wäre schon immer in der Lage, angemessen einzuschätzen, wann seine Wortmeldung unbedingt berücksichtigt werden muß, wann er sich vernünftigerweise zurückhält, wann er einen anderen zur Beteiligung ermutigen müßte oder jemandem, um einiger anderer willen, empfiehlt, sich zurückzuhalten? Wenn auch bei solchen Gesprächen Lernprozesse möglich sind, so kann doch niemand die Erwartung haben, am Ende stimmten alle einer einheitlichen Zielformulierung zu. Es kann innerhalb einer Gruppe von Eltern und Erziehern völlige Übereinstimmung geben, die zu selbstverständlicher Zusammenarbeit führt; es wird teilweise Übereinstimmungen geben, die zu weiterem Austausch anregen;

es wird gegensätzliche Meinungen geben, die unter abgesprochenen Bedingungen gegenseitig akzeptiert werden können. Darüber hinaus können unüberwindliche Gegensätze deutlich werden, die im Extremfall zu der Überlegung führen müssen, ob nicht ein anderer Kindergarten mit anderen Erziehern und anderen Erziehungszielen für dieses Kind die richtigere Lösung wäre. Eine nahezu unauflösbare Schwierigkeit entsteht für die gemeinsame Erziehungsarbeit in den Fällen, wo Eltern völlig desinteressiert sind, wo sie in weitem Maße unfähig sind, sich ihr erzieherisches Anliegen klar zu machen und dementsprechend mit ihren Kindern umzugehen. Die Erziehungsaufgabe im Kindergarten wird dann ohne die Mitarbeit – aber nicht ohne den Einfluß – der Eltern bewältigt werden müssen.

5 Wege zum angestrebten Ziel: Grundsatzüberlegungen

Bevor in Kapitel 6 methodische Möglichkeiten im einzelnen beschrieben werden, soll hier auf drei übergreifende methodische Prinzipien hingewiesen werden, die in allen Bereichen eine Rolle spielen: das der „kleinen Schritte", das der „Direktheit und Indirektheit" der pädagogischen Einwirkung und das der „Einschließlichkeit und Ausschließlichkeit" der Zielverfolgung.

1. Die kleinen Schritte

Wenn ein Kind 83 cm groß ist, seine Beine etwa 30–35 cm lang sind und seine Füße 11–12 cm erreicht haben, wird niemand von ihm verlangen, es solle große, sichere und selbständige Schritte machen. Im Gegenteil: Der Erwachsene, der dem Kind zu selbständigem Laufen verhelfen will, läßt es zuerst ganz winzige Schritte machen, die in der gleichen Kleinheit viele Male wiederholt werden können. Er wird trotz großer Unsicherheit und Unselbständigkeit mit viel realer Unterstützung ein Gehen in kleinen Schritten möglich machen. Dabei wird er dem Kind buchstäblich unter die Arme greifen, um das noch nicht tragbare Gewicht für Beine und Füße tragbar zu machen. Er wird die Entwicklung des Laufens beobachten, um zu entscheiden, wann er das Kind nur noch an die Hand zu nehmen braucht, wann ein einziger Finger des Erwachsenen dem Kind ausreichend Halt bietet. Schließlich wird er versuchen, auch diesen Halt überflüssig zu machen und das Kind erleben zu lassen, daß es auf das Zurufen und Locken des Erwachsenen hin allein, ganz ohne greifbare

Hilfe, auf ihn zugehen kann. Sind es zuerst nur ein oder zwei selbständige Schritte, so wird dieses selbständige Gehen durch die Ermutigung und die Erwartung des Erwachsenen zu immer sichererem Gehen, das schließlich den Beistand des Erwachsenen ganz entbehren kann. Bei solchem Lernen ist ein Rückfällig-Werden möglich und dem Kind gestattet. Dennoch erlernt ein Kind in der Regel innerhalb einiger Monate, sicher und ohne jede Hilfe zu laufen.

Beim Erwerb sozialer Fähigkeiten gibt es Vergleichbares: Auch hier lebt das Kind zunächst in völliger Abhängigkeit vom Erwachsenen. Es braucht das sichtbare Vorbild des Erwachsenen als Orientierungspunkt für seine soziale Formung – ebenso wie für die Bewegungsformung. Es braucht das Unter-die-Arme-Greifen; es braucht die immer wiederholte Unterstützung durch den Erwachsenen und zugleich seine Bereitschaft, ihm schrittweise mehr Freiraum zu geben; ihm mehr zuzutrauen, bis das Kind auf eigenen Füßen steht.

Allerdings reicht dieser Vergleich nur ein Stück weit. Während das selbständige Laufen und das Erlangen des körperlichen Gleichgewichts eines Tages gekonnt sind, ja sogar automatisiert worden sind, so daß man nicht ständig neu daran denken und darum ringen muß, können die sozialen Fähigkeiten nicht ebenso zu einem Endpunkt des „Könnens" geführt werden.

Der wesentliche Unterschied besteht nicht nur darin, daß das soziale Lernen länger dauert als das Laufenlernen (etwa indem es früher anfängt und später aufhört), sondern darin, daß soziales Lernen überhaupt nicht aufhört. Von den ersten offenen und arglosen Kontaktversuchen im Säuglingsalter bis zu den sehr differenzierten sozialen Verhaltensweisen, die einem erwachsenen Menschen möglich sind, erstreckt es sich über die gesamte Lebenszeit und kann nie „ausgelernt" werden. Dies hängt damit zusammen, daß hier nicht nur Fähigkeiten und Fertigkeiten zu lernen, sondern Haltungen und Einstellungen anzubahnen und zu erwerben sind, die in eine ganz andere Tiefe reichen.

Wenn nun schon bei einer so verhältnismäßig einfachen Aufgabe wie dem Laufenlernen mit *kleinen Schritten* angefangen und mit Rückfällen und Umwegen gerechnet werden muß – um wieviel mehr muß sich dann die so komplexe Aufgabe des Leben-Lernes in der menschlichen Gemeinschaft auf einen langen Weg und ein Lernen in kleinen Schritten einstellen!

Dann ist es nicht nur berechtigt, sondern für den Erzieher im Kindergarten auch geboten, sich Zeit zu nehmen und dem Kinde Zeit zu lassen; dem Kind mit Geduld, mit Aufmerksamkeit und mit Anteilnahme zu begegnen, um in diesem Bereich an einer stabilen Grundlage von positiven und bereichernden Erfahrungen im Umgang mit anderen Menschen zu arbeiten.

Als eine Anfangsaufgabe ist es gewiß notwendig, daß einem Kind der Kindergarten mit allem, was dazu gehört, vertraut wird, wenn sein soziales Verhalten den Anforderungen des Zusammenlebens in der großen Gruppe entsprechen soll. Dazu trägt ganz wesentlich der Erzieher selbst bei.

Er wird einem Kind

- etwas zeigen müssen (und es ist möglich, daß ein einmaliges Zeigen ausreicht);
- eine mündliche Information geben;
- sie vielleicht mehrmals geben;
- sie auf verschiedene Weise geben;
- sie durch Anschauung unterstützen.

Er wird mit einem Kind

- etwas üben;
- eine Übung in verschiedene kleine Abschnitte zerlegen;
- jeden Abschnitt einzeln üben;
- den Gesamtablauf durch mehrmaliges Wiederholen üben.

Damit sind einige Methoden und einige Beispiele von kleinen Schritten genannt, die der Erzieher anwenden kann, damit ein Kind den Kindergarten möglichst gut kennenlernt. Für welche und wie viele Einzelheiten „Zeigen", „Information-Geben" und „Üben" angebracht und notwendig ist, läßt sich in der Form einer Aufzählung nicht angeben. Für den Erzieher bleibt zu entscheiden, was möglichst bald gewußt und gekonnt sein soll und was im Laufe der Zeit erlernt werden kann.

Das Bestreben des Erziehers, dem einzelnen Kind möglichst viele und vielerlei Begegnungen mit den anderen Kindern zu vermitteln, läßt sich ebenfalls nur in kleinen Schritten verwirklichen. Für ein kleines Kind ist es unter Umständen ein weiter Weg:

- Von einem ersten Anschauen eines anderen Kindes;
- über ein Neben-ihm-Spielen;
- ein erstes Antworten, eine Frage;
- ein Gespräch;
- ein gemeinsames Spiel;
- bis hin zu einem Eintreten für dieses Kind, wenn ihm ein Unrecht geschieht.

Mit Konflikten umgehen lernen, erfordert Lernschritte, die in ihrer Unauffälligkeit in Gefahr sind, übersehen zu werden. Es verdient aber beachtet zu werden:

- Wenn ein Kind das andere, das so unangenehm riecht, dessen Kleider nie sauber sind, schon einmal bei seinem Spiel zusehen läßt, ohne ein gnädiges „na, dann guck eben", sondern ganz ohne Kommentar;
- wenn bei einem Nahkampf einer den Haarschopf des anderen zuerst losläßt und sagt: „Laß uns aufhören!"

In beiden Fällen sind noch weite Wege bis zu friedlichem und harmonischem Zusammenleben zu gehen, aber auch der allerweiteste Weg fängt mit einem ersten, vielleicht ganz unscheinbaren Schritt an.

In allen Fällen muß ein Erzieher bei den Kindern (und nicht nur bei ihnen) mit Unsicherwerden, mit Vergessen, mit Rückfällen rechnen und immer wieder Schritte gehen und mitgehen, die zuvor schon einmal sicherer waren. Aber in allen Fällen hat der Erzieher die Kinder um sich.

Er kann sowohl ihre Fortschritte, als auch ihre Rück-
schritte beobachten und darauf reagieren. Er kann das Er-
fahrungsfeld in alle Richtungen hin ausweiten, solange
wirkliche Erfahrungen zu machen sind.

In kleinen Schritten lernen dürfen, heißt hier nicht nur in
kleinen Portionen, sondern heißt auch, in vielen kleinen
Alltagssituationen, die noch nicht unbedingt nach „sozialen Erfahrungen" aussehen. Wenn ein Kind ein Spielzeug,
das achtlos auf dem Boden liegt, an seinen Platz legt,
dann ist auch damit ein erster kleiner Schritt getan. Zum
einen muß nicht ein anderes Kind sich danach bücken, um
es aufzuheben, zum anderen kann vielleicht ein anderes
Kind gerade dieses Teil zu seinem Spiel gebrauchen und
zum dritten wird eine kleine Geste eines Modellverhaltens
sichtbar, die in erweiterter Form zu harmonischem Spielen vieler Kinder beitragen kann.

Für den Erzieher ist es wichtig, die kleinen Entwick-
lungsschritte der einzelnen Kinder wahrzunehmen und
den Kindern dies auch als eine positive Entwicklung ihrer
Person deutlich zu machen in dem Sinne: „Ich freu mich
mit dir, daß du das kannst; daß du dich nicht vorgedrängt
hast; daß du dich getraut hast, das zu tun, das zu sagen;
daß du gesehen hast, wie traurig das andere Kind war;
daß du gesagt hast, dein Spielpartner soll dein Verhalten
entschuldigen."

Das alles muß der Erzieher nicht nur mit Worten aussprechen. Kinder verstehen auch seinen Blick, seine Geste, seine freundliche Zustimmung, die sich in vielerlei
Formen ausdrücken kann.

Wenn es auch kleine Schritte sind, die erlernt werden sollen, so sind dennoch Schritte gemeint und kein Stehen-
bleiben. Der Erzieher, der dem Kind seine Zustimmung
und seine Anerkennung zeigt bei Verhaltensweisen, die
das Zusammenleben leichter machen, kann den Kindern
auch deutlich machen, welche Erwartungen er ihnen gegenüber hat und welches Vertrauen er in sie setzt und ihnen damit weitere und vielleicht immer etwas größere
Schritte zutrauen und zumuten.

2. Direkte und indirekte Methoden

Die Erziehung im Kindergarten geschieht einerseits durch das absichtliche, geplante Handeln des Erziehers (intentional), andererseits in der Form von Erfahrungen, die Kinder ohne die erklärte Absicht des Erziehers machen (funktional), die sich aber dennoch erzieherisch auswirken und gerade im Bereich der sozialen Erfahrungen einen besonderen Stellenwert haben.

Hier soll nur das absichtliche Handeln des Erziehers erörtert werden, das sich sowohl auf direkte Weise, als auch auf indirekte Weise vollziehen kann.
Direktes Handeln des Erziehers vollzieht sich z. B. in jeder Form des sprachlichen Umgangs mit den Kindern:

- Wenn er ihnen etwas erzählt oder ihnen zuhört;
- wenn er sie auf etwas aufmerksam macht oder sich von ihnen aufmerksam machen läßt;
- wenn er Fragen stellt oder Fragen beantwortet;
- wenn er sie informiert oder sich informieren läßt;
- wenn er etwas erklärt oder sich erklären läßt;
- wenn er sie bestätigt oder kritisiert oder sie zu solchen Reaktionen ihm gegenüber ermutigt;
- wenn er sie tröstet und auch, wenn er sich von ihnen trösten läßt;
- wenn er ihnen etwas verspricht, was erst später eingelöst werden kann;
- wenn er sie zu bestimmtem Handeln auffordert oder auch bestimmtes Handeln erlaubt oder verbietet;
- wenn er sein eigenes Handeln erklärt und begründet oder solche Erklärungen oder Begründungen von den Kindern fordert.

Und auch in der Weise vollzieht sich ein direkter Teil der Erziehung, wenn der Erzieher ein Kind

- an die Hand nimmt;
- in die Arme schließt;
- ihm über den Kopf streicht;

- ihm die Tränen abwischt;
- es auf den Arm nimmt;
- es an- oder umzieht;
- es wäscht und abtrocknet;
- mit ihm rauft oder in irgendeiner anderen Form Körperkräfte mit ihm mißt;
- wenn er es festhält, damit es nichts tun kann, was ihm selbst oder anderen schadet.

Direktes Handeln des Erziehers kann ein geplantes, vorbereitetes, aber ebenso auch ein ungeplantes, spontanes Handeln sein. Dabei muß das spontane Handeln – sei es aus eigenem Einfall des Erziehers, sei es als Reaktion auf die Kinder und ihre augenblicklichen Anliegen – nicht minder absichtlich sein, als ein länger vorbereitetes Handeln.

Der andere und zugleich sehr wesentliche Teil der pädagogischen Arbeit wird auf *indirekte* Weise geleistet. Das heißt, daß der Erzieher einen beabsichtigten Einfluß ausübt, ohne dabei in direkter Weise auf die Kinder einzuwirken. Vielmehr richtet er seine Aufmerksamkeit auf die Umgebung und versucht, die in ihr wirksamen Faktoren mit Bedacht so zu gestalten, daß sie sich in der Richtung seines überlegten Zieles auswirken bzw. dafür eine Chance bieten.

So stellt sich der Erzieher die Frage: welche Auswirkungen auf das Zusammenleben der Kinder hat es,

- wenn der Tag in bestimmte zeitliche Abschnitte eingeteilt ist;
- wenn der verfügbare Raum auf bestimmte Weise unterteilt ist;
- wenn ganz bestimmtes Material auf ganz bestimmte Weise angeordnet und verfügbar ist?

Bei solchen überlegten indirekten Methoden, die der Erzieher anwendet, gehört sein waches Interesse dazu, zu beobachten, ob denn die Kinder das, was er ihnen als Chance anbietet, auch nutzen.

Es genügt nicht, die Kinder am Morgen erst nach und nach kommen zu lassen, wenn der Erzieher nicht auch zur Verfügung steht und ansprechbar ist; wenn die Kinder die möglichen Einzelbegegnungen mit anderen Kindern gar nicht nutzen.

Es genügt nicht, einen Raum in vielerlei Ecken aufzuteilen, wenn der Erzieher nicht erfährt, welchen Gebrauch die Kinder davon machen und in welcher Weise eine Weiterentwicklung ihrer sozialen Fähigkeiten sich dabei vollzieht.

Es genügt nicht, anregendes Spielmaterial zur Verfügung zu stellen, wenn nicht aufmerksam verfolgt wird, welche Kommunikationsformen die Kinder dabei entwikkeln.

Gestaltung der Umweltfaktoren (Zeit/Raum/Material) bedeutet nicht nur eine selbstverständliche Organisation von Rahmenbedingungen als Voraussetzung für die „eigentliche pädagogische Arbeit", sondern ist als solche ein wesentlicher und unverzichtbarer Bestandteil der pädagogischen Arbeit selbst.

Im Alltag des Kindergartens werden direkte und indirekte Methoden der pädagogischen Einwirkung auf Kinder sich nicht in gleicher Form exakt trennen lassen, wie das in gedanklicher Weise möglich ist. In allen Bereichen des pädagogischen Handelns werden Überschneidungen deutlich werden. Dennoch soll alles indirekte Handeln des Erziehers in besonderer Weise hervorgehoben werden, damit es den ihm gebührenden Stellenwert erhält.

3. Einschließliche und ausschließliche Verfolgung des Ziels

Nicht nur direktes und indirektes Handeln des Erziehers ist zu unterscheiden, sondern auch die Form der ausschließlichen und einschließlichen Verfolgung des Ziels sozialer Erziehung.

Wenn der Erzieher mit den Kindern über einzelne gewollte oder nicht gewollte Verhaltensweisen spricht, sie

lobt oder tadelt, ihnen bestimmte mitmenschliche Verhaltensweisen als anstrebenswert ober abzulehnen deutlich
macht, so geschieht hier eine Beeinflussung mit der ausschließlichen Zielrichtung sozialen Verhaltens. Wenn
aber der Erzieher mit den Kindern turnt, singt, gestaltet,
übt, spielt oder Feste feiert, hat dieses alles zunächst seinen eigenen, nicht austauschbaren Stellenwert. Der Erzieher verfolgt damit Ziele, die der jeweiligen Tätigkeit
entsprechen. Beim Turnen sind es z. B. körperliche Fähigkeiten, die erworben oder erweitert werden sollen; beim
Singen wird musikalisches Empfinden und Ausdrücken
erlernt, die Stimme geschult, Liedgut erworben; beim
Üben werden einzelne Fähigkeiten und Geschicklichkeiten entwickelt oder stabilisiert; beim Spielen und Gestalten werden Umgang mit Material kennengelernt und
Kreativität und Einfallsreichtum erweitert; Feste machen
unter anderem mit Kindergarten-spezifischen Gewohnheiten oder mit allgemeinem Brauchtum bekannt.

Gleichzeitig aber und darüber hinaus ist in alles bereichsbezogene pädagogische Handeln immer auch eine
Beeinflussung sozialer Verhaltensweisen eingeschlossen.

Wie der Erzieher im einzelnen seine Ziele gewichtet,
bleibt seine Entscheidung.

Hier soll die soziale Komponente in allen Bereichen
hervorgehoben sein. Damit soll deutlich gemacht werden,
daß Kinder im Kindergarten soziale Verhaltensweisen
nicht in erster Linie dadurch erlernen, daß ihnen einzelnes
Handeln bewußt gemacht wird und sie zur Reflexion über
solches Handeln angeregt werden. Das kann in Einzelfällen notwendig und richtig sein und auch bei Kindern dieser Altersstufe einen nachhaltigen Eindruck hinterlassen.

In weit größerem Maße aber erlernen Kinder im Kindergarten soziale Verhaltensweisen durch die vielen Alltagssituationen, in denen kleine Schritte und viele Wiederholungen möglich sind; durch vielerlei Begegnungsformen und Möglichkeiten des Handelns in allen Bereichen, die der Erzieher in dem Bewußtsein eines anstrebenswerten Zieles gestaltet.

Wege zum angestrebten Ziel: Verwirklichungsformen

Wenn das Ziel der sozialen Erziehung nicht als eine eindeutige Verhaltensweise formuliert werden kann, die nur lange genug und gründlich genug eingeübt werden muß, damit sie zu einem stets verfügbaren Besitz eines Menschen wird, dann können auch die Wege zu diesem Ziel hin nicht als Gebrauchsanweisungen verstanden werden. Der Kindergarten, in dem solche Wege gesucht und unternommen werden, ist ein lebendiges Gefüge aus:

- Aktionen und Reaktionen;
- Beständigkeiten und Veränderungen;
- Regeln und Freiräumen;
- Einschränkungen und Ermutigungen,

an dem Kinder und Erwachsene beteiligt sind.

In den folgenden Abschnitten soll ausgeführt werden, in welchen verschiedenen Formen Kinder sozial wichtige Erfahrungen machen können bzw. welche unterschiedlichen methodischen Möglichkeiten der Erzieher nutzen kann, um solche Erfahrungen zu vermitteln.

1. Die zeitliche Gestaltung

Im mitmenschlichen Umgang spielt die Frage nach der Zeit eine nicht unwesentliche Rolle. Wer Zeit hat für den anderen – noch unabhängig davon, ob immer, oft, selten oder nur ausnahmsweise – schafft damit eine der wesentlichsten Voraussetzungen für alle Formen der Kommunikation überhaupt. Damit hängt zusammen, Zeit einteilen, Wichtiges von Unwichtigem unterscheiden zu können.

Damit hängt ferner die Frage zusammen, wie gestalte ich die Zeit für mich, wenn ich allein bin, und wie gestalten wir gemeinsam Zeiten, in denen wir mit anderen zusammen sind, damit bereichernde Erfahrungen möglich werden. Auch die Erfahrung der Unwiederbringlichkeit vergangener Zeit zu bedenken, spielt eine Rolle, wenn Kinder lernen sollen: Viele Begegnungen und sehr verschiedenartige Begegnungen mit Kindern und Erwachsenen sind möglich, aber sie sind nicht alle zu allen Zeiten, alle nicht ohne Begrenzung möglich und nicht alle in gleicher Form wiederholbar.

Für den Erzieher stellen sich die Fragen:

● Welche Begegnungen sind zu welchen Zeiten am ehesten möglich?
● Wie kann ich durch die Einteilung der Zeit darauf Einfluß nehmen, daß Kinder ganz bestimmte Formen der Begegnung erfahren?

Die Bedingungen, unter denen solche Fragen zu beantworten sind, sind im Kindergarten andere als in der Tagesstätte oder gar in einer sogenannten Familiengruppe, in der Kinder in einer noch größeren Altersspanne (von 1–6 J.) zusammen sind. Das Prinzip aber ist das gleiche. Kinder brauchen Erfahrungen wie:

● Ich kann mit einem Spiel anfangen, weil ich das jetzt möchte, und kann damit aufhören, weil ich fertig bin.
● Ich warte auf ein anderes Kind, damit wir gemeinsam spielen können.
● Wir hören mit einem bestimmten Spiel, das wir gerade zu zweit gespielt haben, auf, weil andere Kinder dazukommen und mitmachen möchten und wir dann eine andere Spielregel brauchen oder ein ganz anderes Spiel anfangen.
● Der Erzieher fordert uns auf, ein Spiel abzubrechen, weil die Zeit für Spiele zu Ende ist und anschließend eine Mahlzeit, ein Spaziergang oder überhaupt der Abschluß des Kindergarten-Tages folgt.

- Der Erzieher schließt eine Zeitlang alle Kinder in ein gemeinsames Tun ein.
- Es gibt Zeiten, die sich auf Bitten hin verlängern lassen.
- Es gibt Zeiten, die auch der Erzieher bei allem Wohlwollen den Kindern gegenüber nicht verändern kann, weil auch er unter zeitlichen Bedingungen steht, auf die er keinen Einfluß nehmen kann.
- Es gibt Zeiten, die wie im Fluge vergehen und die man unter Umständen gerne festgehalten hätte.
- Es gibt Zeiten, die nehmen anscheinend überhaupt kein Ende.
- Es gibt Zeiten, die für alle Beteiligten besonders harmonisch verlaufen.
- Es gibt Zeiten, in denen Konflikte sich ballen und Unzufriedenheit sich breit macht.
- Es gibt Erlebnisse, an denen kann man nicht teilnehmen, wenn man zur gleichen Zeit etwas anderes tun oder erleben will.

Im Laufe eines Tages können solche und noch viele weitere Erfahrungen gemacht werden. Die Gliederung der Zeit in bestimmte charakteristische Abschnitte, die teils durch gesetzliche Regelungen (Öffnungszeiten), teils aber auch durch die Entscheidung der Erzieher bestimmt wird, läßt bestimmte Erlebnisformen zum Zuge kommen. Der Erzieher hat zu bedenken, wie weit er diese unterstützen, einige von ihnen abmildern, sie vielleicht gar vermeiden oder ihnen vorbeugen will.

Berücksichtigen muß er aber auch, daß nicht jeder Zeitabschnitt von jedem Kind in gleicher Weise erlebt wird. Von daher erscheint es geboten, grundsätzlich verschiedene Formen des „Die-Zeit-Verbringens" anzubieten, damit jedes Kind wenigstens an einigen Stellen des Tageslaufes etwas ihm besonders Gemäßes findet.

Bei der Zeitgestaltung, die in den Händen der Erzieher liegt, verdienen die Zeiten des Beginns und der Beendigung in ihrer Bedeutung für das Zusammenleben eine besondere Beachtung.

Im folgenden soll zunächst die Gestaltung des Tagesbe-
ginns im Kindergarten, die sich etwa vom Beginn eines
Schultages charakteristisch unterscheidet, in ihren möglichen Auswirkungen für das Kind betrachtet werden.

In den meisten Einrichtungen kommen die Kinder am
Morgen nicht zu einem bestimmten Zeitpunkt, sondern
innerhalb einer bestimmten Zeitspanne. Das entbindet Eltern und Kind noch von der Pflicht, pünktlich zu sein und
dadurch schon in Hetze zu kommen aus Sorge, es könnte
nicht gelingen. Es vermittelt dem Kind das Gefühl, wann
immer ich komme, bin ich willkommen. Vielleicht ist es
dem Kind interessant zu sehen, wer ist schon da, wer noch
nicht?, was sich bei der Gesamtgruppe nur schwer überblicken läßt. Dieses Nach-und-nach-Kommen macht es
für Kinder und auch für die Erzieher möglich, sich all-
mählich von den Erlebnissen und Eindrücken zu Hause
auf das Leben mit der großen Gruppe ein- und umzustellen. Die Kinder haben die Chance, sich ihrem Rhythmus
und Tempo entsprechend, ihren Vorlieben und Neigun-
gen nach, anderen Kindern, den Erwachsenen oder auch
bestimmten Spielen zuzuwenden. Ein Kind, das einen besonderen Freund hat, wird sich nach ihm umschauen.
Vielleicht aber kommt dieser erst später oder an dem Tage
überhaupt nicht, weil er krank ist. Ein Kind, dem der vertraute Spielpartner fehlt, steht vor der Aufgabe, die für
sein Empfinden nun eigentlich „leere" Zeit zu füllen: Ein
Spiel schon einmal allein anzufangen; anderen Kindern
zuzusehen; sich dem Erzieher zuzuwenden, ihm etwas zu
erzählen oder auch ihn zum Spielpartner zu machen; bei
anderen Kindern mitzuspielen oder ein einzelnes, ihm
nicht so vertrautes Kind, zum Mitspielen einzuladen. Ihm
stehen also mehrere Möglichkeiten offen. Ein Kind, das
dies alles auch als Möglichkeiten erkennt, wird sich für
die eine oder andere entscheiden und dabei seine Erfahrungen machen. Das Zusehen und das Zum-Spiel-Einla-
den kann immer Zustimmung und Ablehnung zur Folge
haben und läßt das Kind erfahren, nicht alle eigenen Vorstellungen und Wünsche entsprechen auch denen der anderen Kinder; die haben ihre eigenen Ideen. Es werden

weitere Erfahrungen notwendig sein, bis auch die unterschiedlichen Vorstellungen zu einem Austausch und evtl. zu gemeinsamem Spiel führen. Die Hinwendung zum Erzieher entwickelt sich vielleicht zu einem Gespräch, bei dem beide Neues voneinander erfahren, sich besser kennenlernen und gegenseitiges Vertrauen genießen.

Auf diese Weise kann die Zeit ohne den vertrauten Freund zu anderen Begegnungen führen, die den Erfahrungshorizont dieses Kindes erweitern. Die Zeit, in der vorerst noch wenige Kinder da sind, ermöglicht dem Erzieher, solche Einzelsituationen von Kindern zu sehen, sich in dieser Weise mit einzelnen Kindern zu beschäftigen und insgesamt immer umfassender zu erkennen, welche Erfahrungen Kinder in dieser Zeit im besonderen machen können. Wenn der Erzieher z. B. jedes Kind begrüßt, indem er auf das Kind zugeht oder das Kind auf ihn zukommt, dann hat das nicht nur eine Auswirkung auf jedes einzelne Kind. Andere Kinder werden die Art und Weise der Begrüßung beobachten. Sie werden sie nicht nur sehen, nicht nur die gesprochenen Worte hören, sondern je nach ihrem Verständnis und ihrer Sensibilität auch mitbekommen, was dabei an Sympathie, an Wohlwollen, an Selbstverständlichkeit, an Ablehnung oder an Bemühen um Freundlichkeit mitschwingt.

Ein Beispiel soll veranschaulichen, was ein Kind aus solchen Situationen mitnahm und wie seine Reaktion sich auf eine Erzieherin auswirkte:

 Eric wurde von seiner Mutter immer nur bis zur Haustür des Kindergartens gebracht. In die Gruppe kam er allein. Er war ein Junge, der im Laufe des Kindergartentages sehr häufig Anlaß zu Klagen einzelner Kinder und notwendigem Eingreifen der Erzieherin gab. Außerdem hatte er häufig laufende Ohren und roch ziemlich unangenehm. Viele Bemühungen der Erzieherin, die Mutter dazu zu bewegen, wenigstens die körperliche Pflege des Jungen gewissenhafter einzuhalten, waren bis dahin gescheitert. Die Erzieherin begrüßte Eric häufig mit der Frage: „Ist deine Mutter schon gegangen?" und Eric bejahte. Bei der Erzieherin schwang der Ärger über die Mutter mit, weil sie wieder keine Gelegenheit zu einem notwen-

digen Gespräch angeboten hatte, Mitleid mit Eric, aber auch so
etwas wie ein Seufzen im Hinblick auf den Tag, der durch Eric
voraussichtlich wieder viele Schwierigkeiten mit sich bringen
würde. An einem Morgen nahm sie Eric in den Arm, drückte ihn
fest an sich und fragte diesmal auch nicht nach der Mutter. Was
sie dazu bewogen hatte, wußte sie gar nicht genau. Martina
hatte das beobachtet. Als Eric sich einem Spiel zugewandt
hatte, fragte Martina die Erzieherin: „Hast du den doch gern, wo
die Mutter den doch nie wäscht!?"

Das war eine eindrückliche Erfahrung für die Erzieherin.
Sie war sich keiner Situation bewußt, wo die Kinder ihr
Gespräch mit der Mutter gehört haben könnten. Sie war
außerdem der Meinung, sie habe sich auch darum bemüht, Eric nicht anders zu behandeln als alle anderen
Kinder. Und doch, war Martinas Frage nicht berechtigt?
Die Erzieherin wollte sicherlich Eric so gern haben wie
die anderen Kinder, aber Martina hatte aus dem bisher erlebten Verhalten anderes herausgehört. Sie war durch
diese Ausnahme irritiert und wollte nun Klarheit haben.
„Ja, ich will den Eric auch gernhaben", war die ehrlichste
Antwort, die sie Martina geben konnte, und damit konnte
das Kind sich zunächst zufrieden geben. Die komplizier-
teren Überlegungen zu der Frage nach Sympathie und
kontrolliertem Verhalten waren zu dem Zeitpunkt für
Martina noch nicht aktuell, wohl aber für die Erzieherin.

Die Zeit des Nach-und-nach-Kommens bietet dem Erzieher auch die Gelegenheit, auf die Kinder zuzugehen,
die in der großen Gruppe unauffällig sind. Solche Unauffälligkeit hat ja längst nicht bei allen Kindern die gleiche
Ursache. Es müßte dem Erzieher wichtig sein, den Hintergrund zu erfahren und dem Kind zu helfen, seine Fähigkeiten auch in der Gruppe sichtbar zu machen.

Der Einzelumgang mit Kindern, die in der großen
Gruppe durch besondere Schwierigkeiten im Umgang mit
den Gleichaltrigen auffallen, bietet sich ebenso an. Die
Erfahrung, der Erzieher spielt mit mir ganz allein, spricht
mit mir ganz allein, er verbietet mir nichts und fordert
mich nicht auf, leise zu sein oder das Spielzeug endlich
wegzuräumen, schafft bei einem solchen Kind eine
Grundlage für einen erleichterten Umgang mit den Spiel-

kameraden. Auf diese Weise erfährt sich dieses Kind nicht nur als eines, das besonders häufig korrigiert wird, sondern als eines, mit dem man sich gut unterhalten kann, mit dem ein Spiel besonders spannend oder heiter oder auch lebhaft und lustig ist.

Von einem bestimmten Zeitpunkt an erleben alle, der Gruppenraum ist voller Kinder. Diese Tatsache muß nicht zwangsläufig dazu führen, daß der Erzieher die Entscheidung trifft: Von jetzt an muß ich Spielformen und Spielinhalte für die gesamte Gruppe gemeinsam bestimmen. Wenn alle Kinder im Raum sind und noch jedes Kind sein Spiel, seinen Partner und den Spielplatz selbst wählt, sind soziale Erfahrungen unter veränderten Bedingungen zu machen. Die räumliche Lage erfordert mehr Absprachen über Material, Raum und Partner. Viele Entscheidungen werden ohne den Erzieher getroffen. Das mag einer Spielgruppe sehr recht sein, einer anderen schwerfallen. Wenn der Erzieher sich zu dieser Zeit nicht mehr jedem einzelnen Kind zuwenden kann, so ist er doch beteiligt und anteilnehmend in der Gruppe. Die Kinder können sich an ihn wenden, was den „erfahrenen" Kindergartenkindern nicht schwerfallen wird. Die zurückhaltenderen und noch fremderen Kinder erleben das und können dadurch ermutigt werden, es ebenso zu handhaben. Wer einen Erzieher dauernd mit Beschlag belegen möchte, wird erleben, daß das zu dieser Zeit nicht mehr möglich ist, es sei denn in den Ausnahmefällen, wo einem Kind noch alles neu und fremd und darum beängstigend ist.

Zu einem späteren Zeitpunkt im Laufe des Vormittags fordert der Erzieher alle Kinder auf, ihr Spielmaterial aufzuräumen. Dieser Zeitpunkt mit seiner speziellen Anforderung kommt an jedem Tag mit Sicherheit spätestens dann, wenn alle Kinder nach Hause gehen. In der Regel bestimmt der Erzieher diesen Zeitpunkt nicht einfach nach der Uhr. Gründe für die Beendigung des freien Spiels können darin liegen, daß ein gemeinsames Vorhaben ansteht: ein Ausflug, ein Besuch oder auch ein ge-

meinsames Tun oder auch Erleben innerhalb der Gruppe.
Ein anderer Grund kann darin liegen, daß vielen Kindern
die Ideen für ihr Spiel ausgehen und sie sich ihrer Freiheit
überlassen zu keinem konstruktiven, bereichernden Spiel
mehr finden können.

Wie lange der Erzieher eine gemeinsame „Veranstaltung" für die gesamte Gruppe ausdehnen kann, hängt von
dem Stellenwert ab, den diese „Veranstaltung" für alle Beteiligten hat. Kinder, die nur deswegen in der großen
Gruppe zusammen bleiben, weil der Erzieher sie dazu
aufgefordert hat, erleben die große Gruppe als etwas Lä-
stiges, Unliebsames, Mühevolles. Wo aber etwas Interessantes, Heiteres, Anregendes erlebt werden kann, wird
auch die große Gruppe als etwas Positives erlebt.

Ein Kindergarten-Vormittag kann, besonders für die
jüngeren Kinder, eine große Anstrengung sein. Wenn
dann noch der Nachmittag „erlebt" werden muß, ist das
Angebot oder auch die Verpflichtung zur Mittagsruhe
eine sinnvolle Entscheidung. Dabei brauchen die Kinder
nicht nur die Ruhe, zu der einige nur sehr schwer, andere
vielleicht gar nicht ohne die Hilfe des Erziehers kommen
können. Darüber hinaus haben die Kinder noch andere
Bedürfnisse: Eins möchte sein Bett immer am gleichen
Platz finden, eins sein Schlaftier mitnehmen, ein anderes
möchte neben der Freundin liegen, eins braucht den Blick
zum Fenster. Andere Kinder brauchen eine direkte Zuwendung des Erziehers, er soll eine Weile neben ihnen sitzen, sie zudecken, sie einmal in den Arm nehmen, der
Puppe auch „schlaf-gut" sagen. Einige haben es gern,
wenn der Erzieher vorliest oder Musik laufen läßt, und
andere können dann am besten schlafen, wenn der Erzieher sich auch hinlegt und damit eine Atmosphäre der Ent-
spannung verbreitet. Viele Bedürfnisse können gleichzeitig befriedigt werden, andere nur nacheinander. Für die
Kinder bedeutet das, einerseits als einzelne berücksichtigt
zu werden, andererseits Teil einer Gemeinschaft zu sein.

Ein einzelner Tag beinhaltet für ein Kind die Anforderung, sich in vielerlei Hinsicht ein- und umzustellen auf
das, was im Augenblick erwartet oder auch ermöglicht

wird. Damit es dabei ein ausreichendes Maß an Sicherheit gewinnen kann, braucht es viele Tage, die zeitlich in möglichst gleicher Weise ablaufen. Mit wachsender Sicherheit in der Gruppe kann es Ausnahmen in dem zeitlichen Ablauf nicht nur besser ertragen, sondern sich auch durch solche Ausnahmen anregen und begeistern lassen.

Die Lernerfahrungen im zeitlichen Ablauf eines Jahres haben noch einen anderen Schwerpunkt.

Die gemeinsame Erinnerung an einen erlebten Höhepunkt kann eine Gruppe zusammenschließen und ein Empfinden dafür vermitteln wie: Das ist schon lange her, aber wir haben vieles von dem Erlebten behalten; Eindrücke gehen nicht verloren, wenn auch das Ereignis vorüber ist und in der genau gleichen Form vielleicht nicht wiederholbar; einige von uns waren schon dabei, andere noch nicht; wir können von dem Erlebten erzählen und auf diese Weise die anderen teilnehmen lassen.

Höhepunkte, auf die eine Gruppe gemeinsam zugeht, können die Erfahrung vermitteln: Es dauert noch lange; wir müssen bis dahin noch viele Vorbereitungen treffen; jede „bewältigte" Vorbereitung bringt uns dem Ereignis näher. Die Kinder erleben, daß sie in der Zeit arbeiten können, aber nicht an der Zeit. Niemand kann „es machen", daß der Geburtstag ein bißchen schneller kommt; daß sie bis zu einem gemeinsamen Ausflug weniger als noch siebenmal schlafen müssen; daß bis zum Sommerfest noch weniger als vier Sonntage vergehen müssen. Sie erleben den Erwachsenen als jemanden, der ebensowenig wie sie selbst Einfluß darauf nehmen kann, daß der ersehnte Zeitpunkt schneller kommt. Das kann Kinder und Erzieher als gemeinsam Wartende zusammenschließen.

Dennoch bedeutet es für den Erzieher, zu bedenken, ab wann er die Kinder in eine Wartezeit und Vorbereitungszeit einbeziehen kann. Positiv können Wartezeiten in einer Gruppe im Kindergarten sich nur dann auswirken, wenn sie gefüllt und damit für die Kinder erfüllt sind. Unverständliches Warten macht unzufrieden und damit auch leicht reizbar. Wo Kinder aber lernen: wir haben eine begrenzte Zeit zur Verfügung; innerhalb dieser Zeit tragen wir alle dazu bei, daß die Aufgaben, die bis dahin zu erfüllen sind, angemessen erfüllt werden, erleben sie etwas von einem gemeinsamen Weg, der zu einem gemeinsamen Ziel führt.

Es bedeutet für den Erzieher auch, zu bedenken, wann ein ungestörter Alltag für die Kinder die positiveren Erfahrungen im Umgang miteinander ermöglichen könnte und wann eine reizvolle Ausnahme auch das Zusammenleben wieder reizvoll und interessant werden ließe.

2. Die räumliche Gestaltung

In begrenzt verfügbarem Raum mit anderen Menschen zusammen zu leben, muß erlernt werden. Der Erzieher, der solches Lernen anbieten will, lebt in der Regel in einem Kindergarten-Gebäude, dessen bauliche Gestaltung ihm vorgegeben ist.
Seine Möglichkeiten, den verfügbaren Raum für die soziale Entwicklung seiner Gruppe zu nutzen, liegen in der Gestaltung des Innenraumes wie auch des Außengeländes. Erfahrungen, die ein Erzieher den Kindern ermöglichen will, könnten z. B. sein:

- Wo der eine spielt, kann nicht gleichzeitig ein anderer auch spielen;
- nicht alle Räume eignen sich zu allen Spielen;
- ich kann einen Raum aussuchen, in dem ich am liebsten spiele;
- ich kann in einem Raum allein spielen und kann auch Freunde „einladen";
- ich kann mich einladen lassen und mit anderen in dem Raum spielen, der ihnen am besten gefällt;
- nicht in allen Räumen fühle ich mich gleich wohl; ein Spielgefährte kann durch sein Mitspielen den Raum für mich „gemütlicher" machen;
- ich kann mit Spielgefährten zusammen einen Raum nach unseren Vorstellungen gestalten;

- ich sehe, wie andere Kinder in ihrem Raum spielen und finde Anregungen;
- die anderen sehen unser Spiel in dem Raum, in dem wir uns aufhalten;
- wir lassen sie zusehen oder schließen unseren Raum ab, damit wir nicht mehr gesehen werden;
- eine Gruppe spielt in einem Raum; ich möchte mich beteiligen, werde aber abgelehnt – ich kann darum bitten, beteiligt zu werden; ich kann auch eine andere Gruppe, einen anderen Einzelnen aufsuchen, um mich dort dem Spiel anzuschließen;
- ich kann anderen Kindern auch einmal nicht gestatten, mit in meinen Raum zu kommen.

Ein Gruppenraum, in dem solche Erfahrungen gemacht werden können, braucht die verschiedensten Formen der Aufteilung. Viele Kinder sind eine lange Zeit des Tages und einige Jahre ihres Lebens in dieser Einrichtung. Nicht alle Kinder haben in bezug auf die Spielräume die gleichen Bedürfnisse und nicht jedes Kind hat immer die gleiche Vorliebe für einen bestimmten Raum. Wenn Kinder lernen sollen, sich auf die unterschiedlichsten Räume einzustellen, dann können sie das am besten von einem Ausgangspunkt aus, an dem sie sich wohl fühlen und an den sie sich auch wieder zurückziehen können. Je unterschiedlicher die Formen der Aufteilung eines Raumes sind und je verschiedenartiger die abgegrenzten Raumteile gestaltet sind, um so eher werden die einzelnen Kinder einerseits Räume finden, in denen sie sich mit besonderer Vorliebe aufhalten, andererseits werden sie Gelegenheit haben, die besonders bevorzugten Spielräume von Freunden und Spielgefährten kennen – und schätzen zu lernen.

In einer Einrichtung hatten Eltern ein Holzgerüst an der Wand befestigt und mit buntem Stoff bespannt, so daß ein vorspringendes Dach entstand. Darunter lag ein Teppich. Eine Seitenwand war nirgends vorhanden und dennoch war dies für die Kinder ein besonders beliebter Spielraum für Puppen-, Familien- und überhaupt verschiedenste Rollenspiele.

Ein halbhoher Schrank, ein Bücherregal, eine bewegliche Bretter- oder Lattenwand vermitteln den Kindern einerseits ein Stück Abgeschlossenheit und Ungestörtheit, andererseits aber auch das Noch-Einbezogensein in die Spiele um sie herum, weil sie hörend und auch sehend daran teilnehmen können. Alle beweglichen Abgrenzungsmittel wie kleine Teppiche, Tücher in unterschiedlichsten Größen, Rollen von stabiler Wellpappe, die als Wände aufzustellen sind, lassen einerseits sehr kleine Räume entstehen, lassen sich aber auch überall „anbauen" zu notwendigen Erweiterungen.

Bei allen bisher geschilderten Formen sind die Spielgruppen nicht nur untereinander in Hör- und Sehweite, sondern auch der Erzieher hat Einblick in alle Spielbereiche. Das kann dem Erzieher wichtig sein, entweder, weil er die Kinder in ihrem speziellen Bedürfnis kennt, oder auch, weil er sie in ihrer Spielweise und in ihrem Verhalten im Umgang mit anderen Kindern noch wenig kennt.

Darüber hinaus lassen sich auch schon im Gruppenraum kleine Teile abgrenzen, deren Wände so hoch sind, daß der Erzieher sie nicht ohne weiteres überblicken kann. Sie mögen noch Fenster und Türen haben, die man öffnen und schließen kann, erwecken aber insgesamt das Gefühl der Abgeschlossenheit.

Erweitern ließe sich ein solches Angebot, „ohne den Einblick" des Erziehers zu spielen, dort, wo Nebenräume, Flure, Waschräume und Turn- oder Werkräume für das Spiel einzelner Gruppen einbezogen werden. In dieser Form wird für die Kinder die Erfahrung des Allein-Spielens noch verstärkt. Damit wird ihnen das Vertrauen des Erziehers vermittelt, sie können sich selbständig fühlen, von der Aufsicht des Erziehers unabhängig. Wichtig ist für alle Entscheidungen, die die Kinder innerhalb einer Spielphase treffen, der Gedanke: Ich kann hier spielen, ich kann auch einen anderen Spielraum und Spielkreis aufsuchen, ich kann mich auch ganz alleine zurückziehen. Wo das im Augenblick nicht möglich ist, wird es zu einem späteren Zeitpunkt möglich sein; wo ich abgelehnt werde, kann ich nach dem Grund fragen, den Erzieher um seine Hilfe und sein Mitentscheiden bitten. Viele solcher Überlegung und Verhaltensweisen werden den Kindern dadurch möglich, daß sie anderen Kindern zusehen und zuhören, daß sie das Handeln des Erziehers in einzelnen Fällen beobachten. Außerdem wird der Erzieher selbst die angebotene Vielfalt der Möglichkeiten auch einzelnen Kindern deutlich machen müssen, damit sie diese als Erfahrungs- und Lernangebot nutzen können.

Eine weitere Form der Raumgestaltung bezieht sich weniger auf die Aufteilung als auf die Ausschmückung. Hier haben Bilder für Kinder eine hervorgehobene Bedeutung: Dabei ist zu bedenken: Kinder in der Altersstufe zwischen 3 und 6 Jahren können weit mehr Bilder erkennen, Einzelheiten mit Interesse betrachten oder sich auch von einem Gesamtbild beeindrucken lassen, als sie selber in Form von Bildern auszudrücken vermögen. Von daher kann es nicht gleichgültig sein, welche Bilder für einen Gruppenraum ausgewählt werden. Bilder können inhaltlich das darstellen und damit unterstreichen, was die Gruppe erlebt hat, was sie besprochen hat oder worauf sie sich in irgendeiner Form vorbereitet. Solche Bilder haben ihre Bedeutung für eine begrenzte Zeit. Andere Bilder haben als Kunstwerk einen eigenen Stellenwert, der an keine Zeit gebunden ist. Ein solches Bild kann lange Zeit das besondere Merkmal „dieses Raumes" sein und für die Kinder als vertrauter Anblick dazugehören. Je nach Absicht des Erziehers oder nach Interesse der Kinder kann es zum Anlaß von Einzel- oder Gruppengesprächen werden, die den Kindern, über den gewohnten Anblick hinaus, zu einem erweiterten Verständnis für Inhalt und Darstellung verhelfen.

Die Erfahrung, selber an der Gestaltung des Raumes beteiligt zu sein und nach eigenen Vorstellungen dazu beizutragen, muß sich für die Kinder nicht in dem Einrichten und Ausschmücken von Spiel-Ecken erschöpfen. Auch in dem gesamten Gruppenraum sollten Kinder Platz finden, das, was ihnen gefällt, was sie selber gemacht haben, was sie eine Weile sehen und anderen zeigen wollen, anbringen zu können. Die Bedeutung liegt darin, die Fähigkei-

ten des einzelnen Kindes oder auch die gemeinsame
Arbeit, an der mehrere Kinder sich beteiligt haben, sichtbar zu machen. An Erfahrungen kann damit vermittelt
werden: „Dem Erzieher ist das, was ich male, wichtig; er
hängt das auf, damit andere Kinder das auch sehen; ihm
ist ebenso wichtig, was andere Kinder gestaltet, gemalt
oder geklebt haben, damit alle das betrachten können."

In welche Richtung Gespräche über solche Kinderbil-
der innerhalb der Kindergruppe gehen, hängt von der
„Begleitung" ab, die der Erzieher überhaupt bei der Ausschmückung des Raumes mit den Arbeiten der Kinder leistet.

Ein Beispiel soll veranschaulichen, wie Kinder und Erzieher ein „Haus für die Gruppe" bauen. Darin sind Aufteilung des Raumes, aber auch Schmuck für den Raum
eingeschlossen. Hervorgehoben sei im besonderen, welche Erfahrungen die Kinder dabei machten und wie be-
deutungsvoll das gemeinsame Unternehmen für die
Gruppe wurde.

 Die Gruppenerzieherin hatte schon seit langem
die Kinder darauf aufmerksam gemacht, die lee-
ren Schachteln von Frühstückskeksen zu sam-
meln. Eines Tages könne man daraus vielleicht
ein Haus bauen, wie aus Bausteinen. Im Laufe
der Zeit denken immer mehr Kinder daran,
diese Schachteln an einen bestimmten Sammelplatz zu bringen. Sie zeigen sich gegenseitig die wachsende Menge, bis sie
die Erzieherin fragen, wann sie denn mit dem Bau des Hauses
anfangen könnten. Zunächst muß sie noch Geduld fordern,
denn sie kann einerseits überblicken, daß die Schachteln noch
nicht reichen, überdies kennt sie die geringe Ausdauer der Kinder, die überstrapaziert würde, wenn sie mehrere Wochen mit
Unterbrechungen an dem Haus bauen müßten, weil sie immer
wieder auf neue Schachteln warten müßten.

Aber dann sind doch endlich genug Schachteln angesam-
melt. Viele Kinder der Gruppe sind bereits daran interessiert, an
dem Haus mitzubauen. Die Erzieherin ruft alle Interessenten zusammen. Sie erinnert noch einmal an den gemeinsamen Plan,
ein Spielhaus für die Gruppe zu bauen. Sie fordert die Kinder
auf, ihre Vorstellungen deutlich zu machen. Einige haben sich
lange genug mit dem Gedanken des Hausbaus beschäftigt, um

konkrete Vorschläge machen zu können. Die Erzieherin hilft den Kindern, die Vorschläge verständlich zu machen und miteinander zu vergleichen. Dann ergänzt sie die Vorschläge durch technische Hinweise, um eine möglichst große Stabilität des Hauses zu erreichen. Die Kinder erleben die notwendige gemeinsame Überlegung und Absprache, bevor sie anfangen können, das Haus zu bauen. Es wird besprochen, an welchem Platz das Haus gebaut werden soll und wie groß es werden kann. Die Kinder wollen am liebsten ein so großes Haus, daß viele gleichzeitig darin spielen können. Sie schlagen sogar mehrere Zimmer und Stockwerke vor. Die Erzieherin weiß, daß das Material dafür bei weitem nicht ausreicht und außerdem die Bauzeit dann viel zu lange dauern würde. Mit diesen Begründungen, die sie deutlich veranschaulicht, kann sie die Kinder davon überzeugen, daß ein kleineres Haus mit nur einem Raum den realen Möglichkeiten und den realen Fähigkeiten entspricht. Dann überlegt sie mit den Kindern, wie sie die konkrete Arbeit regeln. Es können an einer Hauswand nicht mehr als zwei Kinder gleichzeitig bauen. Die Bauweise, immer eine Schachtel fest an die andere zu kleben und die nächste Reihe mit versetzten Fugen aufzukleben, erfordert ein genaues Arbeiten. Die Kinder können das einsehen, und um der Freude an der Beteiligung willen können sie warten. Sie brauchen auch nicht alleine zu warten. Jedes Kind weiß schon, wer sein Partner sein soll, mit dem es gemeinsam bauen wird, wenn es an der Reihe ist. So steht das Haus im Gruppenraum, und zu jeder Zeit sind zwei bis acht Kinder dabei, weiterzubauen. Zuerst werden die Ablösungen etwas ungeduldig erwartet, manchmal sitzen zwei schon neben den Bauenden und warten. Mit der Zeit ist der Reiz des Neuen nicht mehr so groß. Die Kinder können unterschiedlich lange arbeiten. Die Erzieherin wird nicht mehr ununterbrochen gebraucht. Sie hat das Haus und die Baumeister von weitem im Auge, damit die gemeinsame Arbeit gelingt und kein Kind zur Ursache einer Mißstimmung und Unzufriedenheit bei den anderen wird. Sie hilft, wenn die Idee, „Fenster einzubauen", noch nicht ganz selbständig verwirklicht werden kann oder wenn die Schrägung des Daches nicht gelingen will. Dabei sind es mehr und mehr die Kinder selbst, die fragen, weil sie ihr Können oder Noch-nicht-Können genauer einschätzen lernen.

Während die Kinder das Haus bauen, erleben sie schon das notwendige Abwechseln. Das wird für sie zu einer wichtigen Erfahrung, die später eine Regelung beim Spiel in dem Haus leichter macht. Die Tatsache, daß alle Baumeister die technischen Schwierigkeiten kennengelernt und bewältigt haben, vermittelt ihnen eine Beziehung zu dem Haus, die sie behutsam damit umgehen läßt, auch im Spiel. Sie haben erlebt, daß viele Kinder zu dem Bauwerk beigetragen haben, und haben zum Schluß keine Schwierigkeiten, das Haus als ein Eigentum der Gruppe, auf das viele ein Anrecht haben, zu akzeptieren.

Nicht nur der Innenraum des Kindergartens läßt sich in der dargestellten Weise gestalten. Die grundsätzlichen pädagogischen Überlegungen lassen sich auch auf die Gestaltung des Außengeländes übertragen. Im Freien sind die Voraussetzungen in der Regel günstiger, weil die größeren Ausmaße des Geländes mehr Variationen zulassen. In Einrichtungen, in denen der Austausch der verschiedenen Gruppen miteinander im Hause nicht ohne weiteres möglich oder üblich ist, bietet sich dies im Freien ungehindert an. Damit wird der Spielplatz im Freien zu einem erweiterten Lernfeld für Begegnungen mit anderen Kindern und anderen Erwachsenen.

3. Verschiedenartige Gruppierungen

Mit einer vertrauten Gruppe in einen guten Austausch kommen, aber auch zu fremden Gruppen Zugang finden, sind Fähigkeiten, die erlernt werden müssen.

Die Entscheidung des Erziehers, die Kinder weder ununterbrochen als Gesamtgruppe zu „beschäftigen“, noch in stabile Kleingruppen aufzuteilen, sondern sie die verschiedenartigsten Gruppierungen kennenlernen zu lassen, läßt solches Lernen zu.

Einige dieser Gruppierungsmöglichkeiten mit ihren je besonderen Anlässen bzw. Voraussetzungen sollen im folgenden dargestellt werden.

Die Tatsache, daß am frühen Morgen noch nicht alle Kinder gleichzeitig da sind, macht es möglich und notwendig, sich die Spielpartner aus einer begrenzten Anzahl von Kindern auszuwählen oder allein zu bleiben. Von dem Zeitpunkt an, wo alle Kinder da sind, und der Erzieher ihnen weitere Zeit zu freiem Spiel anbietet, können sich genau die Gruppen zusammenfinden, die am liebsten zusammen sein wollen. Hier haben die Kinder Entscheidungsfreiräume wie: „Ja, ich mach mit"; „Nein, jetzt noch nicht"; „Nur wenn der Freund auch mitmachen kann"; „Nur wenn ihr das Spiel so macht, wie ich es euch vorgeschlagen habe". Sie können Bedingungen für ihre Beteiligung stellen und versuchen, damit umzugehen, wenn die anderen die Bedingungen nicht erfüllen. Diese Phase der weitgehend freiwilligen bzw. von den Kindern selbst gestalteten Gruppierung überläßt der Erzieher den Kindern nicht ohne seine Anwesenheit. Dabei können die Kinder mit seinem Gewährenlassen, mit seiner Zustimmung, mit seiner Hilfe, mit notwendiger Eingrenzung oder auch gänzlicher Ablehnung bestimmten Verhaltens innerhalb einzelner Gruppierungen rechnen.

Gruppierungen, die der Erzieher – mehr oder weniger deutlich und direkt – von sich aus steuert oder anregt, können die verschiedensten Gründe haben. So kann er z. B. die Aufforderung aussprechen: „Alle, die noch nicht gefrühstückt haben, sollten das jetzt tun"! Daraufhin setzen sich die Kinder zusammen, bei denen nur der gleiche Umstand zutrifft, ihr Frühstücksbrot noch in der Tasche zu haben. Dabei begegnen sich unter Umständen solche, die bis dahin gar keinen oder nur sehr wenig Kontakt miteinander hatten.

Zum Turnen etwa werden einmal die Großen, ein anderes Mal nur die Kleinen aufgefordert. In jeder der beiden Gruppen erleben die Kinder, daß der Erzieher gleiche Anforderungen an alle, die mitmachen, stellt.

Ein Erzieher bietet an, eine bestimmte Geschichte zu erzählen. Dazu werden sich die Kinder mit eben diesem Interesse zusammenfinden. Das werden weder nur „Große", noch nur „Kleine" sein und auch nicht „nur Freunde". In erster Linie sind sie eine Gruppe von Zuhörern. Sie sind unter denen, die gerne Geschichten hören, die gerade diese besondere Geschichte gerne hören, oder die diesem Erzieher gerne zuhören wollen.

Zu anderen Aktivitäten werden Gruppen zusammengestellt, für die alle die gleichen Fähigkeiten haben müssen.

(Z. B.: Einige Kinder sind in der Lage, einen weiteren Weg mitzugehen; eine Gruppe verhält sich im Verkehr schon relativ sicher; einer anderen Gruppe ist ein Lied bekannt, das ohne weitere Vorbereitung jemandem zur Freude, als Gratulation o. ä. gesungen werden soll.) Das hängt nicht unbedingt vom Alter ab, so daß diese Gruppe nicht etwa der Gruppe der „Großen" wie beim Turnen entsprechen muß. Die Gruppenmitglieder lernen sich hier als die kennen, die „das können".

Eine schwierige Gruppenzusammenstellung nimmt der Erzieher sich vor, wenn er an seinem Vorhaben nur eine begrenzte Anzahl von Kindern beteiligen kann, obwohl er schon ahnt, daß weit mehr Kinder gerne dabei sein wollen. Er wird es nicht leicht haben, sein Bild von einem Erwachsenen, der sich um Gerechtigkeit bemüht, der allen Kindern in gleicher Weise die Teilnahme an dieser Aktivität gönnt, vor allen Kindern aufrecht zu erhalten. Es wird vorkommen, daß Kinder, deren Verständnis und Einsicht noch längst nicht ausreichen, verzichten oder zumindest bis zum nächsten Tag warten müssen. Sie erfahren: Ihr Wunsch und ihre Hoffnung werden nicht berücksichtigt. Das kann bei einzelnen Kindern zu Enttäuschungen führen, die nicht nur diese Entscheidung des Erziehers betreffen, sondern den Erzieher überhaupt: „Er mag nur die, die er mitmachen läßt"! Für die Kinder sind viele Erfahrungen notwendig, bei denen sie wechselweise Beteiligte und Abwartende sind, bis sie der Verläßlichkeit des Erziehers sicher sein können.

Eine ganz andere Form der Gruppierung, bei der weder der Erzieher eine Auswahl trifft, noch Kinder unter sich Spielgruppen bilden, soll anhand eines Beispiels geschildert werden.

Über einen längeren Zeitraum hin richtete eine Erzieherin jeden Morgen einen Tisch ein, an dem bis zu 10 Kinder Platz hatten. Sie legte Material und Zubehör zurecht, aus dem sich in vielfältiger Weise etwas gestalten ließ. Sie gab den Kindern keine bestimmte Thematik vor. Ihr Hauptanliegen war, die Kinder zu freiwilliger Beteiligung an solchem Gestalten anzuregen. Das Material wechselte sie, wenn sie den Eindruck hatte, es biete den Kindern keine neuen Anregungen mehr. Sie selber aber behielt an jedem Tag für eine bestimmte Zeit und insgesamt über mehrere Wochen in der Form solchen Angebots einen Platz an diesem Tisch.

In der Regel fing sie selbst an, aus dem vorhandenen Material etwas herzustellen, was für die Kinder noch unbekannt war. Die Anregung, hier mitzugestalten, nahmen nur einige Kinder wahr, aber der Tisch mit dem anregenden Material und mit der deutlichen Freiwilligkeit der Beteiligung und vor allem mit der „verfügbaren" Erzieherin, entwickelte sich für alle zu einem Kommunikations-Zentrum. Die Kinder konnten das Material ansehen, mit ihm hantieren, aus ihm etwas herstellen, so wie die Erzieherin, so ähnlich wie sie oder auch ganz anders, aber mit ihrem Rat und ihrer technischen Hilfe. Sie konnten auch nur der Erzieherin zusehen, sich nach dem erkundigen, was da entstehen sollte; sie konnten die eben erhaltenen Informationen an die Kinder weitergeben, die neu und neugierig hinzukamen. Sie konnten an weiteren Tagen ergänzendes Material von zuhause mitbringen und damit weitere Anregungen geben an Kinder oder an die Erzieherin. Wer nicht mitgestalten wollte, konnte auch einfach nur beobachtend teilnehmen, Material vielleicht hier und da anreichen, etwas festhalten, was einer alleine nicht bewerkstelligen konnte. Sie saßen auch ohne Beteiligung an allem Gestalten dabei und unterhielten sich über ganz andere Inhalte. Jedes Kind konnte beliebig lange dort bleiben, einen Freund hinzuholen, mit Freunden weggehen, etwas anderes an anderen Plätzen des Raumes unternehmen. Kürzere oder längere Gespräche zwischen den Kindern und der Erzieherin oder auch der Kinder untereinander fanden immer statt. Es gab kaum ein Kind, das nicht zu irgendeinem Zeitpunkt des Vormittags eine Weile an diesem Tisch zubrachte. Nicht immer konnten alle Kinder sitzen, es gab „dazwischen geklemmte" Stühle, „eingeengtes Hantieren", „stehendes Ausprobieren" und auch „sich zurückziehen und auf einen günstigeren Zeitpunkt warten".

Hier kamen viele Kinder in immer wieder anderen Gruppierungen zusammen und lernten sich in unterschiedlichsten Verhaltensweisen kennen. Sie erfuhren von verschiedenartigen Interessen und Fähigkeiten. Sie erlebten, daß jede Form der Beteiligung „richtig" war und der Erzieher Zeit hatte und Zeit ließ. – In welcher Weise der Erzieher verschiedene Sozialformen des Verhaltens auch ohne einen solchen „zentralen Anziehungspunkt" allein durch das Bereitstellen und die Anordnung von bestimmten Materialien an bestimmten Stellen des Raumes hervorlocken oder begünstigen kann, soll im Kapitel „Angebotenes Spielmaterial" gezeigt werden.

Anlässe für eine Zusammenfassung der Gesamtgruppe sind bereits in dem Kapitel über die „Zeitliche Gestaltung" genannt worden. Die wichtigsten Erfahrungen, die Kinder dabei machen können, sind die:

- gleichgültig, was ich mitmache, wie ich etwas mitmache, ich gehöre dazu;
- was allen gesagt wird, gilt mir auch;
- was alle erleben, erlebe ich mit, ich bin dabei.

Die Vorliebe für eine bestimmte Gruppierung wird bei jedem Kind anders sein und auch andere Gründe haben. Die Chance, viele Arten von Gruppenzusammensetzungen kennenzulernen und sich durch vielerlei Erfahrungen in immer mehr Gruppen sicher zu fühlen, sollten alle Kinder haben.

4. Angebotenes Spielmaterial

Die Überlegungen des Erziehers zu Auswahl und Anordnung von Spielmaterial hängen eng zusammen mit den Überlegungen zur Raumgestaltung und zu den verschiedenen Gruppierungen. Material, das unterschiedliches Spielen zuläßt, bietet damit auch unterschiedliche soziale Lernerfahrungen an. Dies soll an einigen wenigen herausgegriffenen Spielmaterialien exemplarisch verdeutlicht werden.

Ein **Ball** z.B. eignet sich zu ganz einfachem und zu immer schwierigerem Experimentieren, zu vorsichtigen, gezielten, aber auch zu kraft- und schwungvollen Bewegungen, zum Alleinspiel, zum Spiel zu zweit oder auch zum Spiel in größeren Gruppen. Jede dieser Formen hat ihre Berechtigung. Die Voraussetzung, in irgendeiner Form mit dem Ball zu spielen, bringt jedes Kindergartenkind mit, und jedes Kind hat die Möglichkeit, innerhalb des Ballspielens immer neue Erfahrungen zu machen. Beim Experimentieren kann es seine Geschicklichkeit erweitern und auf diese Weise sein Alleinspiel genießen. Die so erworbene größere Sicherheit befähigt es andererseits, sich an immer mehr Gruppenspielen zu beteiligen. Ein erstes, allerdings nicht unbedingt einfaches Werfen und Fangen kann ein Kind allein üben, indem es auf den Boden, in die Luft oder gegen eine Wand wirft und den Ball wieder fängt. Eine erste Regel beachtet es, wenn es dieses Werfen und Fangen mit einem Partner durchführt. Jeder muß sich bemühen, so zu werfen, daß der andere fangen kann, und jeder muß sich darauf einstellen, den Ball in seine Hände zu bekommen. Dabei gibt es nur wenige Wartezeiten. Jeder hat schnell wieder den Ball in der Hand. Wird dieses Spiel zu einem Gruppenspiel erweitert, so werden weitere Anforderungen an die Beteiligten gestellt. Es gibt zunächst längere Wartezeiten. Die größere Gruppe bringt zusätzlich mit sich, daß sich Kinder mit unterschiedlicher Geschicklichkeit beteiligen. Das erfordert für Ungeübtere den Mut, dabeizubleiben, obwohl ihnen weder Werfen noch Fangen schon richtig gelingt und die Ausdauer, sich immer wieder darum zu bemühen. Unter Umständen erfordert es auch ein beachtliches Maß an Selbstsicherheit, trotz der Kritik der anderen Kinder weiterhin mitzumachen. Für die Kinder, die schon geübter sind, bedeutet ein solches Spiel, sich auf ein langsameres Spieltempo einzustellen, „richtiges" Werfen oder Fangen einmal oder auch wiederholt vorzumachen, besonders vorsichtig zu werfen, sich auf einen ungeschickten Wurf mit besonders geschicktem Fangen einzustellen. Je mehr einer Gruppe daran liegt, zusammenzubleiben, um so leichter kann jeder einzelne mit den unterschiedlichen Fähigkeiten aller Teilnehmer umgehen. Finden sich Kinder mit gleichen oder ähnlichen Voraussetzungen zum Ballspiel zusammen, so können sie gemeinsam Regeln abwandeln, neue erfinden und dabei erfahren, welche Schwierigkeitsgrade sie sich zutrauen können, welche Absprachen nötig sind, bis alle die „neue" Regel sicher beherrschen. Bei allen Variationen des Spiels mit dem Ball spielt das Geben und Nehmen, das Haben, aber Nicht-festhalten, das Nichthaben, aber Immer-wieder-Bekommen eine wesentliche Rolle.

Bauklötze lassen andere Erfahrungen zu. Ob einzelne oder Gruppen einfachste Spielformen oder komplizierte Konstruktionen ausprobieren und durchführen, immer wird eine möglichst große Menge gleicher Klötze notwendig sein. Wenn etwas gebaut ist, ist das Material „verbraucht" und es kann nur mit weiterem Material auch weiter gebaut werden. Aber das Gebaute ist nicht unveränderbar, es läßt sich zerstören und wieder neu bauen. Der Bauplatz bedarf einer bestimmten Ungestörtheit, weil alle Bauwerke nur eine begrenzte Stabilität haben. Wo mehrere Kinder gemeinsam bauen, sind Absprachen notwendig: „Wer baut was? Wer fängt wo an? Was soll das gemeinsame Ergebnis sein"? Nicht alle Beteiligten haben z.B. von einer zu bauenden Garage die gleiche Vorstellung. Kritik äußern und sich auf Kritik einstellen wird notwendig, Argumente werden gebraucht. Sich auf die Vorstellung eines anderen Kindes einzustellen wird erforderlich, wenn das gemeinsame „Unternehmen" erhalten bleiben soll. Die begrenzte Stabilität der Bauwerke bringt es mit sich, daß möglicherweise aus Versehen zerstört wird und die Gruppe mit einem solchen Versehen umgehen muß. Ein gut gelungenes Bauwerk läßt eine Gruppe Freude erfahren und so etwas wie Belohnung für die aufgewandte Mühe. Sie erlebt womöglich darüber hinaus das positive Echo von Erziehern oder auch von anderen Kindern. Was so „gespielt" wurde, kann sichtbar stehen bleiben, während ein Ballspiel für niemanden sichtbar erhalten bleiben kann.

Tischspiele mit vorgegebenen Regeln machen in erster Linie das Erlernen der jeweiligen Spielregel erforderlich. Damit Kinder sich an solchen Spielen beteiligen können, brauchen sie einfache und schwierigere Spielregeln und die unterschiedlichsten Möglichkeiten, sie zu erlernen. Erste Schritte des Erlernens können Anschauen, Anfassen, Ausbreiten und wieder Einräumen eines solchen Spiels sein. Regeln lassen sich durch Zugucken, durch Erklären, durch Vormachen und Nachmachen einüben. Je sicherer ein Kind eine Spielregel beherrscht, um so lieber kann ihm ein solches Spiel werden. Tischspiele mit Regeln lassen sich nur selten allein spielen. Ein Kind braucht einen oder mehrere Partner, die sich beteiligen, die die Regel kennen oder sie kennenlernen wollen. Ein Kind kann bei dem einen Spiel der Lehrende sein, bei dem anderen der Lernende. Erklärungen müssen verstanden werden und bei Noch-nicht-Verstandenem müßte nachgefragt werden können. Wer dabei ist, eine Spielregel zu erlernen, wird noch Fehler machen, und alle Mitspieler müssen sich darauf einstellen, damit im Laufe der Zeit ein Spiel mit „gleichstarken" Partnern daraus werden kann. Erst auf der Grundlage genauer Kenntnis der Regeln lassen sich Variationen ausprobieren, die das Spiel und die Spielfähigkeit der Gruppe erweitern.

Material, das zum Spiel anregen soll, braucht einen *Platz,* an dem es gesehen wird und mit nicht allzu großem Aufwand geholt und wieder weggeräumt werden kann. Kinder, die Spielmaterial sehen, können es betrachten, schon einmal anfassen, sie können kürzere oder längere Zeit verweilen, ehe sie sich entschließen, dieses Spiel auszuprobieren. Sie erleben, wie andere Kinder mit dem angebotenen Material umgehen: holen, ausprobieren, es doch wieder zurückbringen, weil es nicht den Erwartungen entsprach – und wieder eine neue Auswahl treffen.

Wo das gestattet, gewollt ist, kann ein Kind einen Zugang zu dem ihm entsprechenden Spiel finden.

Daneben hat es auch seine Berechtigung, in einer Gruppe Spielmaterial zu haben, das *nicht zur freien Verfügung* angeboten wird. Musikinstrumente z. B. erfordern es, daß die Kinder den angemessenen Gebrauch erst erlernen müssen. Bei einem solchen Lernen kommt es nicht nur auf „Handhaben", sondern auch auf sensibles Hören und Aufeinander-Einstellen an. Das kann der Erzieher nicht den Kindern allein zumuten. Außerdem eignen sich Musikinstrumente ohnehin nicht zum „jederzeitigen" Gebrauch in der Gruppe, damit sie nicht zur unbeachteten „Geräuschkulisse" werden. Sie sollten die Bedeutung des Miteinander-Spielens, Aufeinander-Hörens, des Vorspielens und Nachspielens nicht verlieren.

Ebenso wird ein Erzieher Bilderbücher, die ihm für seine Gruppe besonders wichtig sind, den Kindern erst dann zum dauernden Gebrauch überlassen, wenn er sich weitgehend darauf verlassen kann, daß die Kinder sie schonend behandeln. Was überhaupt nicht heißen muß, daß nicht ein besonders großes und stabiles Buch auch einmal zum Dach für ein „Bauwerk" werden kann, wenn es für dieses Bauwerk dringend gebraucht wird. Nicht für alles Spielmaterial können völlig gleiche Regelungen gelten.

Ebenso wenig muß alles Spielmaterial *in mehreren Exemplaren* vorhanden sein. Auch die Erfahrung, daß ich für mein Spiel oder Mitspielen eine andere Lösung finden muß, wenn ein Tischspiel bereits „im Gebrauch" ist und die möglichen Teilnehmer vollzählig sind, hat ihre Bedeutung für den Umgang mit den Mitspielenden. Dem einen Kind entspricht die Lösung: „Ich wähle ein anderes Spiel und damit eine andere Spielgruppe." Ein anderes Kind wird abwarten und zusehen, bis es mitspielen oder das Spiel für seine Spielgruppe übernehmen kann.

Die einen Spielmaterialien brauchen ausreichend Platz, der sich möglichst noch erweitern läßt, die anderen mehr Eingegrenztheit und damit Ungestörtheit und Gemütlichkeit. Nicht jedes Spiel läßt sich nur in Ruhe vollziehen.

Sich in der Form aufeinander einstellen, in der die unterschiedlichsten Bedürfnisse der einzelnen Kinder berücksichtigt werden, ist eine Kunst, die erst im Laufe längerer Übungszeit erlernbar ist.

Welche Lernerfahrungen möglich sind, wenn Kinder die angebotenen Spielmaterialien auf ihre Weise benutzen, soll das folgende Beispiel veranschaulichen:

 Eine Gruppe von 5 Kindern spielt in der Puppenecke. Es geht ziemlich lebhaft und wortreich zu. Es ist eng in dem abgegrenzten Raum. Die Kinder bilden offenbar eine Familie, bei der die Machtverhältnisse nicht ganz geklärt sind. Ein Kind soll in den Puppenschrank gesteckt werden. Der Grund dafür ist nicht zu erkennen. Der Schrank mit dem Kind fällt um, noch ehe es richtig „drin" ist. Außerdem zieht ein kippender Stuhl weiteres Gepolter nach sich. Nun will das Kind um keinen Preis mehr in den Schrank. Das Chaos ist da: Räumliche Unordnung und ein unwilliges Kind! Das offenbar bringt die Familie auf eine neue Idee: „Wir ziehen um"! Das Kind, das nicht mehr in den Schrank zu bringen ist, wird jetzt in den Puppenwagen gepackt. Genau genommen ist es nur der Rumpf, der darin Platz hat, aber auf diese Weise läßt es sich transportieren. Die Familie setzt sich in Bewegung. Erst in diesem Augenblick kommt den Kindern die Idee, daß man beim Umzug nicht nur einen Ort braucht, von dem man wegzieht, sondern auch einen, zu dem man hinzieht. Am Ausgang der Puppenecke wird beraten. Zielort wird die Ecke, in der auf einem großen Teppich gebaut wird. Sie liegt der Puppenecke diagonal gegenüber und bietet für den Umzug damit den längsten Weg durch den Raum. Noch merken die Kinder auf dem Bauteppich nichts von dem, was auf sie zukommt. Die Familie, die umzieht, diskutiert noch, was man außer dem Kind und dem Wagen mitnehmen müsse. Ein Stuhl, ein kleiner Tisch und einige Kissen werden auf das Kind geladen. Das alles geht nur mit lauten Worten, die nun auch von den Kindern auf dem Bauteppich gehört werden. Als sie erfahren, daß es nicht nur der augenblickliche Lärm ist, der sie stört, sondern daß eine viel massivere Störung auf sie zukommt, entsteht eine laute und wenig zimperliche Diskussion über die „unbehelligten" Kinder hinweg. Die Familie läßt sich aber nicht von ihrem Plan abbringen und setzt sich in Bewegung. Das wird einem der Baumeister zu brenzlig. Er geht zu der Erzieherin, die bis dahin nur unmerklich zugesehen und zugehört hatte. Sie rät ihm, der Familie sein Bauvorhaben zu erläutern und ihr den daneben noch vorhandenen Platz anzubieten. Es kommt zu einem ernsthaften

Gespräch zwischen den beiden Kindergruppen: Sie interessieren sich füreinander, sie hören einander zu, gegenseitig gemachte Vorschläge werden akzeptiert. Einzelne Bauwerke eignen sich als Wohnungseinrichtung. Ein Junge, der bis dahin gebaut hatte, schließt sich der Familie an. Da seine eigenen Baupläne ohnehin unterbrochen waren, stellt er sie jetzt in den Dienst der „Familie" und findet neue Anregungen und neue Ausführungsformen. Das Kind im Kinderwagen – vielleicht des Umziehens müde – gesellt sich zu den Bauenden. Ein ganz neues Spiel entsteht.

Die Kinder erleben, wie viele Schwierigkeiten es schon innerhalb einer Gruppe geben kann, wenn man eine gemeinsame Aktion starten, ein gemeinsames Spiel durchführen will. Mit Spielkameraden kann man nicht in gleicher Weise hantieren wie etwa mit Puppen. Da sind alternative Spielangebote notwendig, wenn die Gruppe beisammen bleiben will. Und die unterschiedlichen Gruppen im Kindergarten machen noch weitere Rücksichten, Überlegungen und Absprachen notwendig. Das konnten die Kinder zunächst gar nicht bedenken. Sie hatten einfach einen Impuls, den sie in die Tat umsetzen wollten. Das Erlebnis lehrt sie: Die andere Gruppe hat auch Anspruch auf Spielraum und Ungestörtheit. Dieses Problem läßt sich nicht gewaltsam lösen, aber mit Hilfe des Menschen, der die Bedürfnisse beider Gruppen gelten läßt, kann ein Spiel in veränderter, vielleicht sogar in erweiterter Form erhalten bleiben. Die Gruppen konnten sich als gleich starke, aber auch als gleichberechtigte Partner erleben. Den beteiligten Kindern und womöglich auch anderen Kindern, die diesen Umzug als mehr oder weniger interessierte Zuschauer erlebt haben, ist damit ein breites Spektrum für Erfahrungen im Spiel mit dem verfügbaren Material gegeben.

Die hier angeführten Materialien wurden im wesentlichen aus vier größeren Bereichen oder Arten des Spiels überhaupt herausgegriffen: Der Ball aus dem Bereich der Bewegungsspiele; die Bauklötze aus dem Bereich der Konstruktionsspiele; die Tischspiele aus dem Bereich der Regelspiele und das Puppenspiel aus dem Bereich der Rollenspiele (gemeint sind die mehr oder weniger spontanen

Rollenspiele, die nicht zum Zweck einer Problemdiskussion inszeniert werden). Jede dieser Spielarten hat ihre Berechtigung und ihre spezifischen Erfahrungsmöglichkeiten. Aber innerhalb dieser Spielarten haben einzelne Spieldinge auch ihren besonderen Aufforderungscharakter, der für soziales Lernen wichtig werden kann: Der Ball das verbindende Geben und Nehmen; die Bauklötze den Reiz der Zusammenarbeit an einem gemeinsamen Werk (das sich für das Kleinkindalter darum besonders gut eignet, weil es sich jederzeit verändern und umbauen läßt); die Tischspiele mit ihrer Anforderung, sich an Regeln zu halten, und schließlich das Puppen- und Familienspiel-Zubehör, das zwar „Vorbilder", aber keine Regeln hat, von denen es geleitet wird. Daß die zuletzt genannten Spielarten nicht immer getrennt verlaufen, sondern in mancherlei Art sich mischen können, ist unter anderem auch an dem geschilderten Beispiel zu sehen. Ob man die unterschiedlichen Materialien immer auch an den Stellen des Raums deponieren soll, wo sie benutzt werden sollen, ist eine Frage, die man nicht grundsätzlich oder dogmatisch beantworten sollte. Ein Maltisch, Werktisch, eine Bauecke, Leseecke u. dgl. haben etwas für sich, aber ebenso kann es nützlich sein, sich die benötigten Materialien an die Stellen des Raums zu holen, an denen sie gerade gebraucht werden. Das Umzug-Spiel zeigt, wieviel Leben und Bewegung und Notwendigkeit des Sich-Arrangierens dadurch in den Raum kommt. Bälle, Bauklötze, Tischspiele und Puppen sind gewiß nicht zufällig zu „klassischen" Kinderspielzeugen geworden.

Daß selbstverständlich auch andere Spiele – mit weniger vorgeformtem Material und weniger geregeltem Ablauf oder auch ohne Materialien – wichtige soziale Erfahrungen vermitteln können, wird sich im Kapitel „Ermöglichte Spiele" zeigen. Und daß man – im Unterschied zu Spielen – sowohl mit wie ohne Materialien „Übungen" praktizieren kann, die nochmals andere Umgangsformen erleben lassen, wird im Kapitel „Gezieltes Üben" gezeigt.

5. Ermöglichte Spiele

Die Vielfalt möglicher Spiele, die einer Kindergartengruppe zur Verfügung steht, läßt es zu, daß jedes Kind
seine individuellen Fähigkeiten kennenlernt, sie übt und
weiterentwickelt. Jede Spielgruppe wird mit speziellem
Können oder Noch-nicht-Können, mit speziellen Ideen
und Vorschlägen einzelner auf ihre Weise umgehen. Soziale Erfahrungen machen dabei alle, die sich an dem jeweiligen Spiel beteiligen.

Durch den aufgeteilten Raum, die angebotene Zeit, die
Gelegenheit beliebiger Gruppierungen und das ausge-
wählte Material hat der Erzieher wesentliche Voraussetzungen für Spiel-Erfahrungen geschaffen. In allen Spielen, die die Kinder ohne die direkte Anleitung oder
gänzliche Beteiligung des Erziehers spielen, übernehmen
sie selbst die jeweils benötigten Rollen:

- Ein Spiel vorschlagen und Mitspieler zur Beteiligung
  anregen oder sich dazu anregen lassen;
- eine Spielform oder Spielregel erklären oder sich diese
  erklären lassen;
- Vorschläge für Variationen machen, sie akzeptieren,
  darüber diskutieren, sie ablehnen, Gegenvorschläge
  machen, Kompromissen zustimmen;
- Aufgaben verteilen, eine Aufgabe annehmen oder sich
  selbst eine Aufgabe auswählen;
- Bedingungen für die eigene Beteiligung stellen, Bedingungen annehmen oder auch ablehnen;
- ein Spiel zu Ende führen, die Partner „bei der Stange"
  halten, oder – weil es Gründe dafür gibt – ein Spiel abbrechen;
- Spielpartnern zugestehen, ihren Spielanteil zu beenden,
  das Spiel aber unter veränderten Bedingungen zu erhalten;
- Zuschauer einladen, Zusehen akzeptieren oder Zuschauer sein.

Keine dieser Rollen ist auf Dauer auf ein bestimmtes Kind
festgelegt, wenn es auch ganz bestimmte Stärken oder

Schwächen gibt, die überwiegend bei dem einen oder anderen Kind hervortreten. Grundsätzlich sind die Rollen austauschbar und vor allem bei den unterschiedlichen Spielen auch unterschiedlich besetzt oder zu besetzen. Darüber hinaus sind die Spiele wiederholbar, in gleicher oder in abgewandelter Form.

Ideen für alle Spiele, die nicht durch vorgegebene Regeln oder Handhabungen mehr oder weniger festgelegt sind, d. h. vor allem für Rollenspiele, nehmen die Kinder im Kindergarten aus dem gesamten Alltag, den sie zuhause, auf der Straße, bei Freunden erleben; aus Geschichten, die erzählt werden, Fernsehsendungen, die sie gesehen haben; Unternehmungen, die der Erzieher mit ihnen macht (die in den meisten Fällen nicht eigens als Anregung für die Spiele, sondern viel eher zu erweiternden Erfahrungen ihrer Umwelt veranstaltet werden). Der Erzieher selbst kann sich als Spielpartner beteiligen, aber die Entstehung und Durchführung z. B. vieler Rollenspiele hängt davon nicht ab. Häufig wird aus dem, was erlebt oder gesehen wurde, was vielleicht besonders beeindruckt hat, nur ein Ausschnitt ausgewählt, der den Anstoß zum Spiel gibt. Das muß nicht unmittelbar nach dem Erlebnis geschehen. Je kleiner aber die Kinder sind, um so eher ahmen sie ein Erlebnis, eine Beobachtung unmittelbar nach und probieren auf diese Weise z. B. ein Verhalten aus, das ihnen bis dahin unbekannt war.

 Pedro, knapp drei Jahre alt, machte mit der Erzieherin und einer kleinen Kindergruppe einen Spaziergang durch den Park. Ihnen begegneten Männer und Frauen, die ihre Hunde ausführten. Pedro sah einem kleinen Hund zu, der am Wegrand eine Weile leicht zitternd und schnüffelnd stehen blieb und dann weiterlief. Pedro ging an die gleiche Stelle am Wegrand, stellte sich auch auf „alle Viere" und ahmte das Schnüffeln und auch das Zittern nach.

Vermutlich war es ihm interessant zu erfahren, wie es sich anfühlt, wenn man auf vier, statt auf zwei Beinen steht, und wie es ist, wenn man so zittert und so schnüffelt. Pedro hat damit so etwas wie ein „Einfühlen in einen Hund"

geübt. Obwohl die Erzieherin und die anderen Kinder dabei waren, spielten sie keine Rolle. Pedro zeigte ihnen nicht, wie ein Hund sich verhält, er brauchte sie nicht als Zuschauer für sein Spiel. Aber sie waren Zuschauer, und es wäre denkbar, daß sie Pedro belustigt oder wohlwollend zusahen, „weil er ja noch so klein ist", oder ihn als jemanden einschätzen, der durchaus in der Lage ist, bei zukünftigen Spielen die Rolle eines Hundes zu übernehmen.

 Ulrike (4; 6 Jahre) fühlte sich in eine Rolle hinein, die sie mehrere Wochen vorher erlebt hatte. Sie erbat sich von der Erzieherin das Material, das sie für ihr Vorhaben brauchte. Sie bat weder um Mitarbeit noch um Anleitung. Offenbar reichte ihr ihre eigene Vorstellung von der Verkleidung, die sie herstellen wollte und ihr Vertrauen in ihre Fähigkeit, diese auch angemessen herzustellen, aus. „Ich brauche einen ganz großen Bogen Papier"! Sie bekam ihn. Daraus entstand – mühsam in den Hosenbund gesteckt – ein sehr weit abstehender und sehr kurzer Rock. Ulrike betrachtete sich und schien mit dem Ergebnis zufrieden zu sein. Von da an hüpfte sie, die Beine möglichst hoch werfend und mit einer Hand winkend, durch den Raum. Sie spielte auch dieses „Tanzmariechen", das sie im Karnevalszug gesehen hatte, nicht direkt jemandem vor. Sie lächelte die Erzieherin im Vorbeihüpfen an und schien zufrieden zu sein, daß die Erzieherin sie sah und ihrem Spiel mit einem freundlichen Gesicht zustimmte.

Sich in dieser Form in eine Rolle hineinversetzen zu können ist zunächst die Fähigkeit, die für Rollenspiele in Gruppen oder spätere Theaterspiele gebraucht wird. Darüber hinaus ist diese Fähigkeit die Grundlage dafür, sich in die Befindlichkeit anderer Menschen hineinversetzen zu können, sie nachfühlen zu können und damit Anteil nehmen zu können.

Wo mehrere Kinder sich zum Rollenspiel zusammenfinden, müssen die Rollen verteilt werden. Dann muß das Spiel innerhalb der jeweiligen Rolle nicht nur den Vorstellungen des Spielers selbst, sondern auch den Vorstellungen der Mitspieler entsprechen. Andernfalls werden Korrekturen vorgenommen, an die die Mitspieler sich halten müssen, wenn das Spiel erhalten bleiben soll.

 Eine kleine Gruppe in der Puppenecke. Stephan ist der Vater. Marcus, sein Hund, soll ins Haus kommen und fressen. Marcus kommt auf allen Vieren und sucht nach den Fressnäpfen. Zwei leere und völlig gleiche Plastikschalen stehen auf dem Boden. Stephan fordert seinen Hund auf, aus der einen Schale das Wasser zu saufen und aus der anderen zu fressen. Marcus hat wohl nicht so genau aufgepaßt und beginnt, aus der Wasserschale zu fressen. Sein Herr ist empört. Er faßt seinen Hund am Kragen und schiebt in unsanft zu der anderen Schale hin: „Du dummer Hund. Kannst du denn nicht sehen? Das ist doch das Fressen"! Der Hund läßt sich willig korrigieren und frißt und säuft nun aus den richtigen Schalen. Sein Herr sieht ihm befriedigt zu und klopft ihm freundlich den Rücken."

Die Kinder erleben in den gespielten Rollen:

- Fürsorge für einen anderen;
- die Durchsetzung eigener Vorstellungen;
- die Korrektur des eigenen Verhaltens;
- die Anerkennung für die Bereitwilligkeit, sich korrigieren zu lassen;
- die Erhaltung des Spiels durch das Einhalten der Vereinbarung.

 Ein Mann (Matthias 5; 4 Jahre) wohnte mit seinem Hund (Uwe 4; 7 Jahre) in der Puppenecke. Der Hund wurde gestreichelt und ermahnt, schön „hier" zu bleiben. Der Mann ging weg und der Hund blieb auch „hier". Nach einer Weile kam der Mann zurück. Vermutlich hatte er von seinem Hund ein angemessenes „Hundeverhalten", etwa bellen oder ihm freudig entgegenspringen, erwartet. Von dem Hund aber war nur das gehorsame „hierbleiben" übrig geblieben. Er hatte dabei eine Puppe entdeckt, die er liebevoll auf dem Schoß hielt. Das war nun aus der Sicht des Hundebesitzers absolut kein Hundeverhalten. Wenn Uwe weiterhin mit Matthias spielen wollte, mußte er sich wie ein Hund gebärden. Und er wollte mit ihm spielen. Die Puppe kam in ihr Bett. Uwe lernte, auf allen Vieren zu bleiben, ordnungsgemäß zu bellen und sein Futter vom Boden zu fressen.

Matthias konnte Uwe die Bedingungen für ein gemeinsames Spiel mitteilen. Uwe verstand und akzeptierte sie. Damit war das Spiel für beide erhalten.

Wenn alle Beteiligten sich einig werden, können Rollenspiele durchaus von einer Idee zur anderen völlig verändert werden. In dem folgenden Beispiel lenkt das auch in anderen Situationen dominierende Kind das Spiel und nicht das Kind, das die eigentlich dominierende Rolle, nämlich die der Mutter, spielt.

 Sandra, Bianca, Annette und Kirsten einigen sich, „Familie" zu spielen. Bianca ist die Mutter, Annette und Sandra sind Schulkinder, Kirsten soll das Kindergartenkind sein. Kirsten will nicht so gerne die Kleinste sein, aber Annette und Sandra überreden sie. Die Mutter hat viel Arbeit mit dieser Familie: kochen, waschen, Briefe lesen, die ein (überhaupt nicht vorhandener) Briefträger ihr bringt. Dann entscheidet Annette, Kirsten müsse krank werden. Und sie wird krank! Auf zwei Stühlen liegend erfährt sie von da an die Behandlung von dem Arzt (Annette) und der Krankenschwester (Bianca). Sandra bleibt als große Schwester neben dem Bett sitzen. Während Kirstens Kranksein kriechen Carsten und Oliver um die Wohnung der Familie herum. Sie sind Raubtiere und versuchen schließlich brüllend in die Wohnung einzudringen. Zuerst brüllt der Arzt (Annette) zurück. Je mehr er sich in ein Raubtier verwandelt, um so ängstlicher zieht Sandra sich ganz aus dem Spiel zurück, aber Bianca und Kirsten (letztere offenbar froh, nicht mehr das kleine Kind sein zu müssen) brüllen mit, verteidigen damit ihr Revier und gehen eine kurze Zeit in dem Kampf gegen die Eindringlinge auf. Schließlich sind alle etwas erschöpft und beschließen, von da an Raubtiere im Zoo zu spielen, und das Verteilen der einzelnen Rollen beginnt von neuem in der veränderten Gruppenzusammensetzung.

Keins der genannten Rollenspiele hat seine Bedeutung darin, daß Rollen möglichst genau eingeübt werden und ein zuschauendes Publikum zufriedenstellen. Ihre Bedeutung liegt vielmehr darin, daß die einzelnen Kinder Verhaltensweisen nachempfinden lernen, sich korrigieren lassen, Ideen vorbringen, eigene Ideen durchsetzen, Vorschläge akzeptieren, sich auf eine Rolle einlassen, auch wenn sie nicht gerade die beliebteste ist. Sie nehmen es einem Mitspieler nicht übel, wenn er sich zurückzieht, und sind bereit, auch in einer neuen Gruppenzusammensetzung ein neues Spiel anzufangen.

Beim Rollenspiel machen die Kinder die Erfahrung: Ich

kann heute innerhalb des Spiels diese Rolle spielen, ein anderes Mal eine andere; mal bin ich der, auf dessen Vorschlag hin die anderen mitmachen, und mal beteilige ich mich, wenn andere eine gute Spielidee haben. Auf diese Weise werden sowohl Rollen innerhalb des Spiels, als auch in der Realität angeboten und eingeübt.

An dieser Stelle sei auch noch einmal auf das „Umzug-Spiel" auf Seite 87 hingewiesen. Nicht alles ist Spiel in gewählten Rollen. Die Diskussion um den Umzug, die Auseinandersetzung um Einzug oder Nicht-Einzug auf den Bauteppich und die Einigung, gemeinsam zu spielen, sind Realitätshandlungen, die durch das Rollenspiel ausgelöst wurden; aber auch durch den Willen zum Spiel beeinflußt wurden.

Zwei weitere Beispiele zeigen den Versuch, durch Rollenspiele eine gegenwärtige Belastung zu bewältigen:

 Eine Erzieherin hatte erfahren, eines ihrer Kinder müsse demnächst ins Krankenhaus und habe große Angst davor. Daraufhin plante sie, mit den Kindern über das Krankenhaus zu sprechen. Zu diesem Gespräch brachte sie Utensilien wie: Hauben, Schürzen, Spritzen, Spatel, Mullbinden und Tücher mit. Das Gespräch währte nicht lange. Die Utensilien regten die Kinder zum Ausprobieren an. Ein großes Puppenbett wurde hinzugeholt, Wasser und Puder wurden zur Herstellung von Salbe angeboten. An diesem Tag geschah nicht mehr als dies:

— In ein Bett steigen, eine Weile darin liegen und wieder aufstehen;
— Arme und Beine verbinden;
— Schürzen und Hauben ausprobieren;
— Spritzen mit Wasser füllen und in eine Schale spritzen;
— sich gegenseitig in den Hals sehen;
— immer wieder Wasser und Puder mit großer Mühe zu einem salbenähnlichen Brei verrühren, der zu nichts anderem diente, als nur zum Vorhandensein.

Erst mehrere Tage später entwickelte sich diese Idee zu einem Rollenspiel, bei dem die Kinder wirkliche Erfahrungen beisteuerten, sich in einzelne Rollen hineinversetzten und aufeinander bezogen spielten. Die Erzieherin hatte nur den Anstoß gegeben. Sie hatte die Vorstellung der Kinder durch handhabbare Gegenstände bereichert. Sie ließ die Kinder zunächst die

Stufe des Spiels auskosten, die ihnen zu dem Zeitpunkt entsprach. Durch ihr Gewährenlassen vermittelte sie den Kindern, daß alle Formen des Ausprobierens gleichermaßen anerkannt waren. Mit alledem schuf sie den Kindern die Grundlage dazu, zu einem späteren Zeitpunkt ein Rollenspiel mit größerer Nähe zur Realität zu spielen und damit Ausschnitte aus einem Krankenhaus-Aufenthalt im Spiel kennenzulernen.

Die Angst des einzelnen Kindes, die für die Erzieherin den Anstoß zu solchen Anregungen gegeben hatte, konnte ein Stück weit gemildert werden und sogar in ein Interesse umgewandelt werden. Nicht in erster Linie durch belehrende Reden, sondern durch die Möglichkeiten des Spiels konnte das Kind erleben, daß seine Angst etwas war, was sozusagen von den anderen mitempfunden wurde, indem jeder in der ihm gemäßen Weise sich in diese Lage „hineinspielen" konnte.

In dem zweiten Beispiel benutzt ein Kind von sich aus den Weg über ein Rollenspiel bzw. Puppenspiel, um seine eigene Situation zu verändern.

Klaus ist fünf Jahre alt. Er ist noch nicht lange in der Gruppe. Während die anderen Kinder spielen, steht er an der Seite und sieht ihnen zu. Kein Kind beachtet ihn. Schließlich geht Klaus in Richtung Bauecke. Etwas unsicher nimmt er einen von den längsten Bauklötzen aus dem Kasten, den die Kinder gerade nicht brauchen. Er legt ihn auf den Schrank, hält aber ein Ende noch fest. Es scheint gedankenlos, wie er mit dem Bauklotz über den Schrank streicht. Dann hält er ihn etwas schräg nach oben. In dem Augenblick, wo er merkt, daß ein Mädchen ihn und seinen Bauklotz ansieht, fängt er leise wie ein Kaspar an zu singen: „Tritra trullalla". Das Mädchen lächelt, sieht noch einen Augenblick zu ihm hin und wendet sich dann wieder seinem eigenen Spiel zu. Die Kinder müssen aufräumen, spielen dann im Freien und gehen anschließend nach Hause. Am nächsten Morgen baut Klaus gleich zu Beginn eine niedrige Mauer aus den größten Bauklötzen auf. Er setzt sich dahinter und läßt seinen langen (vom Vortag bewährten) Bauklotz oben herausschauen und fängt an zu singen: „Tritra trullalla..." Die hereinkommenden Kinder hören ihn, hören ihm gespannt zu, bleiben zuerst stehen und hocken sich dann vor die gebaute Mauer, die zur Bühne geworden ist. Klaus singt und erzählt. Die fünf Kinder, die sich inzwischen eingefunden haben,

antworten, lachen, klatschen. Die Erzieherin setzt sich dazu. Sie hält durch ihre Fragen die Vorführung noch eine Zeitlang am Leben und bringt sie zu einem abgerundeten Abschluß.

Klaus macht offenbar die positivsten Erfahrungen: Alleinsein und Nichtbeachtetwerden kann er durch eigene Aktivität verändern und dabei Zuwendung und Einbezogensein erfahren. Er erlebt das Verhalten der Erzieherin als eine positive Unterstützung: Sie hört ihm zu, sie erweitert seine Spielidee, sie vermittelt ihm, daß sie ihm seinen Erfolg gönnt. Die zuschauenden Kinder erfahren das Verhalten der Erzieherin von ihrer Seite aus, und das wirkt sich mit Sicherheit auch auf ihr Verhältnis zu dem „neuen" Klaus aus. Zudem erleben sie ihn als einen Partner, der das Spiel bereichern kann.

Viele Singspiele, z. B. Märchenlieder, bieten ein Rollenspiel innerhalb einer vorgegebenen Regel an. Eine Melodie, ein Text, die Reihenfolge der einzelnen Strophen, wirken regelnd auf das Tempo des Spiels, die vorkommenden Rollen, die Art ihrer Ausführung und die Dauer der einzelnen Auftritte. Der Spielraum für eigene Gestaltung ist nur gering. Die Bedeutung solcher Spiele liegt an anderer Stelle. An solchen Spielen kann der Erzieher viele Kinder beteiligen. Nicht jedes Kind muß eine besondere Rolle übernehmen, damit das Spiel durchzuführen ist. Teilnehmende Kinder können „nur" dabei sein, als Zuhörer oder Zuschauer; sie können „Hintergrund" oder Rahmen des Spiels sein, z. B. als Chor, der klatscht oder singt oder um die Akteure herumgeht; sie können „Zubehör" darstellen wie: Häuser, Brunnen, Tore, die sprachlich überhaupt keine Anforderungen stellen und in der Darstellung noch wenig anspruchsvoll sind; sie können als Gruppe agieren, wie etwa die sieben Geißlein oder die sieben Zwerge, die alle gleichzeitig auftreten oder als einzelne nur minimal hervortreten. Bei den agierenden Einzelpersonen können sie unterschiedlich anspruchsvolle Rollen einnehmen.

Auf diese Weise kann jedes Kind einen Beitrag leisten, der seinen Fähigkeiten, seinem Mut, seiner augenblicklichen Bereitschaft zum Mitmachen, angemessen ist, und dieser Beitrag kann bei späteren Wiederholungen (die zu solchen Spielen ja dazugehören) auch immer wieder ein anderer sein – je nach augenblicklicher Befindlichkeit oder auch gewachsenen Fähigkeiten eines Kindes.

Spiele, die ihrer Form nach ausschließlich Regelspiele sind, lassen andere, nicht weniger notwendige Erfahrungen zu. Bei einem Memory-Spiel z. B. haben die „Anfänger" zuerst Mühe mit der genauen Regel, die verlangt, abzuwarten, bis man an der Reihe ist; Bilder zu erkennen und die herauszufinden, die genau gleich sind; die anderen Bilder – und wenn sie einem noch so gut gefallen – wieder zurücklegen; nur Bild-Paare zu behalten und dafür zu sorgen, daß man möglichst viele davon bekommt. Wer mitspielen will, hat keine Zeit zum Verweilen, die Bilder zu betrachten und die schönsten herauszusuchen oder gar schon einmal Bilder aufzudecken und anzusehen, während gerade ein anderer an der Reihe ist. Wer dem nachhängt, hat „verloren", auch wenn für ihn „gewinnen" und „verlieren" noch gar keine Bedeutung hat.

Das Ansehen und Zuordnen der Bilder, das Auskosten ihrer Vielfalt, ihrer Schönheit, überhaupt das Hantieren mit den Karten, müßte als eine „gegönnte Zeit", als eine dem jüngeren Alter entsprechende Umgangsweise dem Einüben einer Spielregel vorausgehen. Erst dann besteht die Chance, bei solchen Spielen sich der Regel gemäß verhalten zu können, sich schließlich mehr für den Ablauf des Spiels als für das jeweilige Material zu interessieren, und das bedeutet hier zugleich auch die Chance, nicht nur zu verlieren, sondern auch zu gewinnen. Beides muß bei jedem Kind vorkommen, denn wer immer nur verliert, verliert mit der Zeit auch die Lust, mitzuspielen; wer immer nur gewinnt, verliert vielleicht die Spielpartner, die er braucht. Die verschiedenen Regelspiele erfordern verschiedene Fähigkeiten: ein gutes Gedächtnis, ein schnelles Reagieren, eine genaue Beobachtung, ein sicheres Abtasten, ein erstes Abzählen, ein verständliches Beschreiben, ein genaues Zuhören. Jedes Kind wird darum bestimmte Spiele besonders bevorzugen.

Aber auch innerhalb eines Spieles kommen verschiedene Aufgaben und verschiedene Schwierigkeitsgrade vor, so daß auch Kinder mit unterschiedlichen Fähigkeiten sich gemeinsam an einem Regelspiel beteiligen können, z. B. „Bilderlotto". Einer beschreibt mit Worten, was er auf seiner Bildkarte sieht, oder formuliert gar ein Rätsel daraus; alle anderen vergleichen, ob die Beschreibung für ein Bild auf ihrer Karte zutrifft, oder versuchen das Rätsel zu lösen und dann zu vergleichen. „Spitz paß auf": Einer hat den Fangbecher und den Würfel. Er muß würfeln, bei der „richtigen" Zahl blitzschnell reagieren, um mit dem Becher die Holzfiguren der anderen Kinder zu fangen. Diese müssen bei der „richtigen" Zahl blitzschnell ihre Holzfiguren an der Schnur wegziehen.

Regelspiele, bei denen alle die gleiche Aufgabe haben, sind dann am besten zu spielen, wenn alle Beteiligten möglichst ähnlich gut die Regel beherrschen. Allzu langes Warten, bis einer verstanden hat, zu lange Wiederholungen bei Fehlern kann auch die spielfreudigste Gruppe nur begrenzte Zeit aushalten.

Nicht alle Regelspiele müssen am Tisch mit Bildkarten oder Würfeln oder Steinen gespielt werden. Auch alle sportlichen Spiele sind Regelspiele, die zwar im Schulkindalter eine noch größere Rolle spielen, aber im Kindergarten u. a. in einfacheren Formen angeboten werden oder von den kleineren Kindern bei den Schulkindern abgeguckt und nachgemacht werden.

Nicht alle Regelspiele müssen überhaupt mit Materialien wie Reifen, Bällen oder dergleichen gespielt werden. Auch die gesamt-körperliche Bewegung allein kann als Ablauf durch Regeln geformt werden.

Nicht alle Regelspiele müssen Kampfspiele sein, bei denen es um Gewinnen und Verlieren geht. Jedoch sollte man bei dem heutigen Trend zu „kooperativen" bzw. „gewinn- und verlustlosen" Spielen beachten, daß auch Wettbewerbs- oder Kampfspiele – gerade weil sie Spiele und nicht Ernst sind – ihren eigenständigen Wert haben. Gewinnen können, ohne überheblich zu werden, ist sicher ebenso notwendig zu erlernen wie verlieren können, ohne zu resignieren.

Andere Regelspiele sollen in dem Kapitel „Gezieltes Üben" unter einem anderen Aspekt aufgeführt werden.

Gestaltende Spiele lassen die Hervorhebung der Individualität und die Erfahrung der Gemeinsamkeit zu.

Wo Material vorhanden ist, Geräte zu ihrer Bearbeitung und Platz, mit beidem umzugehen, hat jedes Kind zunächst Gelegenheit, sich von alledem anregen zu lassen und nach seinen Vorstellungen damit umzugehen. Dabei kann der Bedarf an technischer Hilfe, an Ergänzungen zu den eigenen Ideen, an Bestätigung oder Korrektur bei jedem Kind anders sein. Wo sie sich bei solchem Gestalten gegenseitig sehen, hören, ihre „Ergebnisse" betrachten, bleibt eine gegenseitige Beeinflussung – zunächst im Bereich des Gestaltens – nicht aus. „Was soll das denn werden? Wenn das eine Fabrik sein soll, mußt du aber auch einen Schornstein dran machen." „Dein Bild ist ganz blöd", „deins auch", kann mit Sicherheit zu mehr führen, als nur zu gegenseitiger Kritik.

Das, was ein Kind ganz individuell gestaltet, kann es sowohl ohne den Erzieher, als auch mit seiner Hilfe ausführen. Die beiden folgenden Beispiele zeigen unterschiedliche Beteiligung durch den Erzieher.

 Uta, (4; 8 Jahre) bat den Erzieher um ein Stück weißes Papier. Sie machte sich lange damit zu schaffen. Schließlich ging sie im Raum herum, das eine Ende einer etwas ungenau gerollten Papierrolle im Mund, die Finger auf einige aufgemalte Punkte gedrückt. Dabei summte sie eine Melodie, sah zu dem Erzieher hin, und er antwortete ihr mit einem zustimmenden Lächeln.

Der Erzieher benutzte eine Flöte, wenn er mit den Kindern eine Melodie einübte. So war er der Lieferant einer Idee und des Materials. Die Ausführung gelang selbständig und originell. Seine Zustimmung blieb sicher nicht ohne Wirkung, obwohl sich eine solche in dem Augenblick nicht erkennen ließ.

 Markus (5; 3 Jahre) kam am Morgen mit einer leeren Seifenschachtel zur Erzieherin. „Daraus will ich heute einen Fotoapparat machen, hast du so'ne Stange und so was zum Drehen?" Beide suchten, bis was „zum Drehen" und die „Stange" Markus' Vorstellungen entsprachen. Mühevoll wurde beides eingebaut. Das konnte Markus allein. Er betrachtete sein Werk. Er ging noch einmal zur Erzieherin: „Da muß noch was zum Durchgucken rein gemacht werden. Wie geht das?" Die Erzieherin fragte genauer nach, und Markus erkannte, daß er an zwei Seiten eine kleine Öffnung einschneiden mußte, durch die man gleichzeitig sehen kann. Die Erzieherin half ihm. Sie probierten aus. Es gelang. „Fertig?" fragt die Erzieherun. Markus überlegte: „Ich brauch noch so was für die Bilder, so'n Streifen zum abrollen". Ein Randstreifen von perforiertem Computerpapier tut seinen Dienst. Mit Hilfe der Erzieherin wurde er befestigt und ließ sich auf- und abrollen wie ein Film. Markus malte noch kleine Bildchen, wenn er etwas „fotografiert" hatte, und war damit lange und intensiv beschäftigt.

Die Idee war da, aber die technischen Fähigkeiten und die genaue Vorstellung eines Fotoapparates bedurften noch der Ergänzung.

Ein Erzieher hat in diesem Bereich viele Möglichkeiten, die Eigenart der einzelnen Kinder zu unterstützen und mit diesen vielen „Eigenarten" ein gemeinsames Ergebnis zu „bauen".

● Es kann z.B. das, was jedes Kind an dem bestimmten Vormittag gemacht hat, auf einen Tisch gestellt werden. Dabei sind alle Unterschiede denkbar, und alles zusammen vermittelt einen Gesamteindruck, eine gemeinsame Arbeit.

● Alle Kinder, die malen wollen, bekommen von dem Erzieher Blätter in gleicher Größe. Jedes Kind malt nach seinen Vorstellungen.

Das kann sowohl vom Thema her, als auch vom Farbmaterial her ganz individuell sein. Alle Bilder zusammen zu einer großen Fläche an der Wand befestigt geben den Kindern das Gefühl: Das haben wir gemacht. Sie können darüber sprechen, sich auf Einzelheiten aufmerksam machen und andere auf „ihr Werk" hinweisen.

- Der Erzieher kann auch das Thema vorgeben: Malt euch selber mit einer Laterne. (Z. B. wenn der Martinszug in zeitlicher Nähe liegt.) Daraus ließe sich ein langer Fries machen, auf dem jedes Kind sich wiederfindet, wie es an dem gemeinsamen Zug mit seiner Laterne beteiligt ist.

- Ein Erzieher kann auch mit einer Gruppe ein Vorhaben planen, bei dem leichte und schwierigere Aufgaben vorkommen z. B.: „Einen Jahrmarkt aufbauen": Buden und Karussells und Menschen und Tiere und die Straße und den Zaun und die Luftballons und die Eintrittskarten. Dabei werden auch „noch kleine" Geschicklichkeiten wirklich gebraucht.

In dieser Form erleben die Kinder: Wir gehören dazu – auch wenn das nicht zum Thema gemacht wird.

6. Gezieltes Üben

Übungsmöglichkeiten, um sich als einzelner auf eine Gruppe einzustellen oder als Gruppe sich an einem einzelnen zu orientieren, sind in den Spielformen, die im Kindergarten vorkommen, tagtäglich gegeben. Die Kinder erleben das nicht als ein bewußtes Einüben sozialer Verhaltensweisen. Für sie ist das eher eine Erfahrung, die einfach notwendig ist und dabei schön oder lästig, aufwendig oder befriedigend sein kann. Mit mehr oder weniger bewußtem Überlegen werden sie durch solche Erfahrungen ihren Umgang mit anderen Kindern daraufhin verändern.

Eine gezieltere Form des Übens, die dem Spiel sehr nahe liegt, nutzt der Erzieher, wenn er Rhythmiübungen mit seiner Gruppe macht oder wenn er mit den Kindern turnt. Hier sind ganz elementare soziale Fähigkeiten einzuüben, die nicht ausschließlich Spiel, aber auch noch nicht „Ernstfall" sind. Ebenso wenig, wie der Erzieher den Kindern das Spiel in allen seinen Variationen nur deswegen anbietet, weil dabei soziale Fähigkeiten geschult würden, bietet er Rhythmik oder Turnen ausschließlich zu diesem Zweck an. Dennoch soll hier die soziale Komponente im besonderen hervorgehoben sein. Dabei wird nicht Rhythmik und Turnen streng voneinander getrennt dargestellt, sondern mit den Bewegungs-Übungen werden Aufgaben beschrieben, die jeweils verschiedene soziale Anforderungen an die Kinder stellen und damit unterschiedliche Fähigkeiten ausbilden:

- Alle Kinder laufen durch den Raum, ohne einander anzustoßen.

Dabei kann jeder sein eigenes Tempo wählen, seinen eigenen Weg, aber alle laufen gleichzeitig. Wenn niemand angestoßen werden darf, muß jeder seinen Weg so suchen, daß der andere nicht beeinträchtigt wird, er muß abschätzen, wohin der andere nun steuert und mit welchem Tempo der andere dorthin steuert. Sein eigenes Tempo muß er darauf einstellen, wie schnell er reagieren, wie schnell er die Richtung ändern oder das Tempo verlangsamen kann.

- Die Kinder bilden eine Schlange. Ein Kind ist der Kopf und bestimmt den Weg, den die Schlange durch den Raum gehen soll. Nach und nach wird jeweils das Kind Kopf der Schlange, das bis dahin Schwanz war.

Jedes einzelne Kind erlebt einmal, „alle gehen genau hinter mir her", und es erlebt mehrmals auch, „jetzt gehöre ich zu denen, die hinterher gehen".
Die Aufgabe kann dadurch erweitert werden, daß nicht nur der Weg, sondern auch die Gangart und das Tempo vorgeschlagen werden von dem, der gerade Kopf ist. Dazu gehört mehr Einfallsreichtum, mehr Sicherheit und Mut, diese Aufgabe zu übernehmen. Die Regelung, daß jeweils der Schwanz zum Kopf wird, erspart dem einzelnen noch die Entscheidung, sich als Kopf zu beteiligen oder nicht. Das ist für das eine Kind eine Erleichterung, weil es nicht erst seinen Mut und seine Einfälle überprüfen muß, ob sie wohl für die Aufgabe ausreichen; für ein anderes besteht die Erleichterung darin, daß es sicher sein kann, auf jeden Fall an die Reihe zu kommen, weil es das mit Eifer anstrebt.
Eine andere Art der Erschwerung liegt in der Aufgabe, wenn sie so gestellt wird: Jeder, der eine gute Idee hat und Kopf sein möchte, kann sich jederzeit an die Spitze stellen, aber alle sollen einmal an die Reihe kommen. Dazu gehört die Fähigkeit, zu

bedenken, hat der andere jetzt lange genug geführt? Ist mein Vorschlag überhaupt anders als der des Vorgängers? Waren schon alle an der Reihe? Kann ich jetzt an die Spitze gehen? Muß ich jetzt schon?

● Alle Kinder bewegen sich im Raum. Auf welche Weise sie sich bewegen sollen, gibt die Erzieherin an.

Die Kinder müssen gleichzeitig in gleicher Weise reagieren. Die Schwierigkeitsgrade können sich steigern. Wird die Aufgabe zunächst mit Worten gestellt wie: im Kreis gehen/stehen bleiben/zu zweit gehen, wohin jedes Paar will/eine Reihe bilden/hüpfen u. s. w., erfordert sie von jedem Kind hinzuhören, die Aufgabe zu verstehen und auszuführen. Dabei kann das einzelne Kind sich noch an den anderen orientieren, wenn es sich nicht ganz sicher ist. Einen Partner finden heißt: Auswahl treffen, oder einfach den nächsten an die Hand nehmen oder sich an die Hand nehmen lassen. Eine Reihe bilden bedeutet: Zwischen den anderen einen Platz suchen und ihn einnehmen. Hüpfen kann nicht jedes Kind ebenso gut wie gehen. Solange die Aufgabe nur „hüpfen" heißt, kann noch jedes Kind die ihm mögliche Form wählen.

Signale, die vom Erzieher mit Handzeichen gegeben werden, erfordern von den Kindern eine gewisse Übersetzungsleistung:

– eine Hand heben bedeutet: Stehen bleiben!
– Zwei Hände heben bedeutet: Zu Paaren finden!
– Mit den Armen über dem Kopf einen Bogen bilden bedeutet: zum Kreis zusammenstellen!

Die Anschaulichkeit solcher Signale erleichtert es den Kindern, sie in die geforderte Bewegung oder Haltung umzusetzen.

Andere Signale, die weniger die auszuführende Bewegung darstellen, sondern in der Form verabredeter Symbole gegeben werden, erfordern von den Kindern ein höheres Maß an Konzentration und Gedächtnis. Die Übertragung wird damit schwieriger, wenn z. B. ein hochgehaltenes rotes Tuch → schnell laufen, ein blaues Tuch → rückwärts gehen, ein gelbes Tuch → stehen bleiben, bedeutet. Innerhalb aller Formen von Signalen ließen sich weitere Variationen ausdenken. Nicht nur der Erzieher kann die Signale geben, auch einzelne Kinder können diese Aufgabe übernehmen und sie mit eigenen Einfällen erweitern. Die gesteigerte Schwierigkeit liegt darin, immer dem gleichen Signal auch die gleiche Bewegung zuzuordnen, damit die Gruppe folgen kann. Auch diese Rolle kann jedem Kind angeboten werden.

● Alle Kinder sitzen mit gleicher Blickrichtung auf dem Boden. Ein einzelnes Kind macht allen anderen eine Bewegung oder

einen Bewegungsablauf vor. Sobald ein anderes Kind einen
Einfall hat, kann es vor die Gruppe treten und seine Bewegung vormachen. Damit ist das erste Kind abgelöst.

Bei solcher Übung geht es weder um gut oder schlecht, richtig
oder falsch, sondern einfach darum, Gelegenheit zu haben, eigene Ideen in Bewegung umzusetzen. Die Erwartung an alle
Kinder ist die: Zusehen können, abwarten können, einen Zeitpunkt finden, wann man nach vorne geht, sich eine Bewegung
einfallen lassen, sich von den anderen anregen lassen, sie vor
den anderen ausführen, zurücktreten, wenn ein anderes Kind
kommt und wieder zum Zuschauer werden.

● Ein Phantasiebauwerk wird gebaut. Alle Kinder sitzen in weitem Kreis auf dem Boden. Jedes Kind hat einige Bauklötze,
  vielleicht 4–6. Ein Kind fängt an, in der Mitte zu bauen. Ob es
  gleich alle seine Klötze verbaut, oder erst mit einem anfängt,
  bleibt ihm überlassen. Wer einen Einfall hat, kann mit beliebig
  vielen seiner Klötze weiterbauen, bis ein gemeinsames Ergebnis in der Mitte steht.

Jeder kann entscheiden, wann er in die Mitte gehen will, er muß
einen Zeitpunkt für sich finden. Jeder kann seine Klötze anbauen, wie er will, er muß eine Idee haben. Alle können an die
Reihe kommen. Es wird offenbar, wenn einer noch nicht ange-
baut hat, denn seine Klötze liegen noch vor ihm. Da wird es
möglich, vielleicht notwendig, einen Vorschlag zu machen, zu
zweit anzubauen oder auch die Aufgabe für den zu übernehmen, dem sie noch zu schwierig ist. Die Erfahrung, „das ist
unser gemeinsames Bauwerk", kann auch für die Kinder wichtig
sein, die nur aktiv zugesehen und die Entstehung interessiert
verfolgt haben.

● Zwei Kinder stellen sich gegenseitig Aufgaben. Die Kinder
  sind paarweise im Raum verteilt. Eins macht dem andern etwas vor, was dieses nachmacht. Variationen sind:
  – Am Ort etwas vor- und nachmachen;
  – innerhalb des ganzen Raumes bewegen;
  – wechseln, wann jedes Paar will.

Viele Entscheidungen sind zu treffen, zunächst nur für sich und
den Partner; sobald der Raum einbezogen wird, auch mit Rücksicht auf alle anderen Paare im Raum, auf deren Rücksicht wiederum jeder andere rechnen kann.

● Innerhalb eines Paares abwechselnd führen und folgen:

Einer geht vor:
– Der andere legt seine Hände auf dessen Schultern und geht
  hinterher;

– er geht in einem halben Meter Abstand hinterher und behält den Abstand gleichbleibend bei.

Einer geht rückwärts, der andere folgt ihm vorwärtsgehend:
– Der andere berührt die Hände;
– er berührt nur die Fingerspitzen;
– er berührt nur die Fingerspitzen und schließt die Augen.

Beide berühren einen Reifen oder einen Luftballon und lassen sich dadurch gegenseitig führen.

Die Partner sind eine Weile aufeinander eingestellt und in immer stärkerem Maße auf die gegenseitige Verläßlichkeit angewiesen. Er erfordert Gewissenhaftigkeit, wirklich nicht mehr als die Fingerspitzen zu berühren, die Augen wirklich zu schließen, dem anderen die gute Führung zuzutrauen, sich auf ihn zu verlassen, nah genug bei ihm zu bleiben, aber auch den richtigen Abstand beizubehalten.

● Alle Kinder sitzen mit weit gegrätschten Beinen auf dem Boden und bilden einen Kreis, bei dem die Füße aneinander stoßen. Ein Ball soll innerhalb des Kreises einem anderen Kind zugerollt werden, ohne daß er aus dem Kreis heraus rollt.

Wenn der Ball zu heftig gerollt wird, kann das Kind gegenüber ihn nicht im Kreis behalten, wenn er zu zaghaft gerollt wird, erreicht er es nicht. Das Kind muß sich einmal nach dem Ball ausstrecken, ein anderes Mal kann es ihn ganz bequem in Empfang nehmen. Jeder muß sich auf die Entfernung einstellen, in die er den Ball rollen will, und danach den Schwung abschätzen, der es dem Partner möglich macht, den Ball zu halten. Jeder muß in genau die Richtung des bestimmten Kindes steuern, das gemeint ist, damit es den Ball auch bekommt.

Bei solchen Übungen kommen viele Variationen sozialen Verhaltens vor, wie sie auch im Ernstfall gebraucht werden, hier aber ähnlich wie im Spiel in einer Form, die noch keine schwerwiegenden Folgen hat und die immer wiederholbar ist.

Im Unterschied zu den Regelspielen mit (Wett-) Kampfcharakter (wie sie im Kapitel „Ermöglichte Spiele" angedeutet wurden) kommt es hier gerade *nicht* darauf an, es einem anderen, den man bekämpft, schwerzumachen; auch nicht darauf, nur seinen „Parteifreunden" einen Ball zuzuspielen, um damit gegen eine feindliche Gruppe zu kämpfen. Vielmehr soll hier das Interesse daran geweckt und gefördert werden, daß der Bewe-

gungsablauf im ganzen möglichst wenig gestört wird; daß
das Spiel als ganzes möglichst lange „im Gang" bleibt;
und daß damit den Kindern auf eine mehr indirekte Weise
die grundlegende soziale Erfahrung vermittelt wird, wie
schön es ist, wenn *alle* sich gegenseitig „den Ball zuspie-
len"! (Jedoch heißt „indirekt" nicht minder „eindrücklich"!)
Wenn der Erzieher mit den Kindern singt oder musiziert,
sind auch damit weitere soziale Übungsmöglichkeiten gegeben.

Die Kinder sollen ein Lied lernen: Alle hören zu, was der Erzieher ihnen vorsingt; alle singen zuerst einen kleinen, dann einen
immer größeren Abschnitt der Melodie nach. Wer schon sicher
ist, kann mit dem Erzieher zusammen vorsingen, dann auch
ganz allein mit einem anderen Kind. Wenn die leichteren Passa-
gen gekonnt sind, mutet der Erzieher ihnen schwierigere zu.[6]
   Die Gruppe der Kinder kann aufgeteilt werden, jede singt einen Abschnitt der Melodie, dann wird getauscht. Die Gruppierung kann auf die Weise gewechselt werden, daß sich jeweils
eine Gruppe von Kindern nach ihrer Wahl zusammen findet.
   Die Kinder können zu Hörern werden, zu aktiv Beteiligten in
einer vorgegebenen Gruppe oder in einer selbst gewählten. Sie
können als einzelne hervortreten, als Partner des Erziehers sich
beteiligen oder auch in der Gesamtgruppe mitmachen.
   Der Text muß entweder mit der Melodie oder gesondert erlernt werden. Ein Kind behält schneller den Text, ein anderes
schneller die Melodie. Auf diese Weise kann einmal das eine
und ein anderes Mal das andere Kind zur Stütze für die Gruppe
werden oder von eben solchen einzelnen gestützt werden.

Ein Lied, das alle Kinder kennen, eignet sich dazu, für einen bestimmten Menschen oder für eine bestimmte
Gruppe zur Überraschung oder zur Freude gesungen zu
werden. Es ist in einem „Ernstfall" zu gebrauchen. (Um
„ernsthaft" jemanden eine Freude zu machen, ließen sich
in gleicher Weise eingeübte Spiele und eingeübte Tänze
ausdenken.) Ein Lied, das alle Kinder kennen und darum
alle mitsingen können, läßt als Erfahrung zu: Das haben
wir gelernt, das kann ich auch, damit haben wir dem, dem

---

[6] Vgl. hierzu die Beispiele in: Hermann Große-Jäger, Freude an Musik gewinnen.
Erprobte Wege der Musikerziehung im Kindergarten (Reihe: Praxisbücher Kindergarten), Freiburg 1983.

es galt, eine Freude gemacht. Lieder, die Kinder mit Sicherheit singen können, eignen sich ebenso dazu, eine augenblickliche Gefühlslage auszudrücken, aber auch das Lied einfach zu summen oder zu trällern, wenn ihnen überhaupt nach Singen und Trällern zumute ist.

Übungen für den „Ernstfall" und besonders im Ernstfall sind alle diejenigen, die den Kindern als Verkehrsteilnehmern zu mehr Sicherheit verhelfen. In welcher Form im Kindergarten vorgeübt werden kann, zeigen viele Rhythmikübungen, in denen es darum geht, auf Signale genau zu achten, eine verbale Anweisung genau zu verfolgen, sein Lauftempo zu steuern, sich mit vielen Kindern auf verhältnismäßig engem Raum zu bewegen, ohne den anderen anzustoßen. Dann aber werden Wege und Straßen mit immer größer werdenden Schwierigkeiten gegangen werden müssen, damit die Kinder ihre Gefahren kennenlernen und mit immer größerer Sicherheit damit umgehen können.

Lena Pougatch-Zalcman[7] beschreibt, wie sie versucht, mit ihrer Kindergruppe einen Spaziergang zu machen.

„Der erste Spaziergang

Dr. Korczak hat gesagt: ‚Überlege dir gut, ob du mit deinen Kindern wirklich durch die Straßen gehen kannst, bevor du es wagst, mit ihnen überhaupt spazierenzugehen.'
　　Und tatsächlich beweist schon unser erster Ausflug, daß das nicht so einfach ist.
　　Ich versuche, die Kinder in Zweierreihen aufzustellen. Aber schon beginnen die Schwierigkeiten. Zoya und Jakob wollen die ganze Schar anführen und in der ersten Reihe gehen. Lukas weigert sich, Naphtoli die Hand zu geben. Elias hat keine Lust, neben Salomon zu gehen, Rebekka will auf alle Fälle ein Mädchen als Begleiter haben, und Henia fragt: ‚Warum muß ich ausgerechnet am Schluß gehen?'
　　Endlich sind diese Probleme gemeistert, und jeder ist mit seinem Platz und seinem Begleiter zufrieden. Alle stehen sie jetzt ordentlich in Zweierreihen. Wir können losgehen.

---

[7] Lena Pougatch-Zalcman, *Vorschulerziehung Konkret.* Erfahrungen einer Kindergärtnerin. Otto Müller Verlag, Salzburg 1972, S. 24–25.

Habe ich geglaubt, die Kinder würden nun schön in der Reihe gehen, so sehe ich mich schon auf der Treppe getäuscht. Wir sind noch nicht die halbe Treppe hinuntergestiegen, da herrscht ein schlimmeres Chaos als zu Beginn. Lukas und Naphtoli wollen sich an Zoya und Jakob vorbeidrängeln. Sie überholen die beiden und laufen voraus. Natürlich sind Jakob und Zoya deswegen wütend und stürzen wild hinter ihnen her. Ihnen folgt meine ganze Kinderschar, und alles trampelt jetzt die Treppe hinab, ohne dabei auf mich zu achten. Die Aufregung ist groß, und alle Kinder sind von der Drängelei angesteckt.

Ich stehe oben auf der Treppe und kann nur noch dem Debakel zuschauen. Erst als die Kinder alle unten angekommen sind, merken sie plötzlich, daß ich nicht mehr bei ihnen bin. Atemlos stürzen einige wieder die Treppe zu mir hoch, Zoya ruft: ‚Doda Lena, warum kommst du denn nicht?' und entschuldigend: ‚Lukas und Naphtoli haben uns einfach überholt. Du hast doch selbst gesagt, daß Jakob und ich in der ersten Reihe gehen sollen, oder?'

Einen Augenblick lang sage ich nichts. Sie stehen jetzt alle unten auf dem Treppenabsatz und recken ihre kleinen Köpfe zu mir hoch. Keiner wagt etwas zu sagen. Lukas steht im Hintergrund und lächelt.

‚Ja, heute können wir leider nicht spazierengehen', sage ich. Meine Stimme ist ernst und entschlossen.

‚Warum denn nicht?' rufen sie wie aus einem Munde.

‚Ich sehe, daß ihr noch nicht in Zweierreihen gehen könnt.'

‚Wir versuchen es noch einmal', sagt Zoya, ‚wir stellen uns wieder auf, und dann wirst du sehen, daß es gut geht.'

‚Nein, Zoya', sage ich, ‚diesmal kann ich dir nicht helfen. Vielleicht gehen wir dafür übermorgen spazieren.'

Enttäuscht klettern die Kleinen die Treppe wieder hoch."

Doda Lena erlebte dies mit den Kindern zwischen 1920 und 1938. Ein Erzieher heute wird nicht erwarten, daß seine Kinder in Zweierreihen gehen, aber er wird in gleicher Weise von ihnen erwarten, daß sie sich an das halten, was er mit ihnen abgesprochen hat. Auch heute oder besser heute mehr denn je muß ein Erzieher den Kindern deutlich machen: „Wir können nur dann gemeinsam auf die Straße gehen, wenn ich mich auf euch verlassen kann, wenn ihr in meiner Nähe bleibt, wenn ihr an der Straßenecke stehen bleibt, wenn ihr den Ball bis zum Spielplatz im Netz tragt!"

Auch kleine Kinder verstehen es, wenn der Erzieher ihnen etwas Schwieriges zutraut. Für den Erzieher ist es

eine große Kunst, den Kindern das zuzutrauen, was sie
auch leisten können, abzuschätzen, wann etwas ausreichend geübt ist und die Kinder nicht mit Erwartungen zu
überfordern, die sie noch nicht erfüllen können.

7. Angemessene Aufgaben

Im Gegensatz zu den Aufgaben, die Kinder innerhalb ihrer Spiele oder innerhalb gezielter Übungen übernehmen,
soll hier von solchen Aufgaben die Rede sein, die im Alltag des Kindergartens wirklich gebraucht werden.

Kindern angemessene Aufgaben zu übertragen setzt
voraus, zu bedenken, welchen Schwierigkeitsgrad eine
Aufgabe hat und worin die jeweilige Schwierigkeit besteht. Schon mit den alltäglichsten Aufgaben bietet sich
ein breit gefächertes Lernfeld an:

- Den Mantel an einen bestimmten Haken hängen, ist
  eine erste Aufgabe für alle Kinder;
- das Spielzeug wegräumen wird ebenfalls von allen Kindern erwartet;
- den Frühstückstisch decken und wieder wegräumen,
  kommt vielleicht – für begrenzte Zeit – für jedes Kind
  einmal vor;
- Pflanzen und Tiere versorgen sind Aufgaben, die nicht
  unbedingt alle Kinder einmal übernehmen müssen.

Von einem Kind verlangen, es soll seinen Mantel immer an einen
bestimmten Haken hängen, ist als auszuführende Handlung
nicht schwierig. Schon ein Dreijähriges wird den Aufhänger
nach einigen Versuchen allein finden und damit den Mantel allein an den bestimmten Haken bringen. Das individuelle Kenn-
zeichen für „seinen" Haken, das dem Kind unter Umständen
gefällt, und die Tatsache: „Das kann ich ganz allein", macht die
Aufgabe leicht, so daß sie auch gerne bewältigt wird. Schwieriger einzuhalten ist die Forderung der Regelmäßigkeit: Immer
der gleiche Platz und immer so aufhängen, daß das Kleidungsstück auch hängen bleibt, jeden Tag! Ein Kind kann mit seinen
Gedanken ganz woanders sein und den richtigen Platz nicht so
genau beachten; dann muß es den Mantel später lästigerweise

suchen. Es kann auch mal sehr eilig sein, weil der Freund wartet, weil es sich an einem bestimmten Spiel beteiligen will. Dann gelingt das nicht so gut mit dem richtigen Aufhängen, und das Kleidungsstück liegt auf dem Boden.

Ein gebrauchtes Spielzeug wieder an den Platz bringen, von dem es geholt wurde, ist ebenfalls als Handlung nicht unbedingt schwierig. Ein Bewußtsein wie: „Ich kenne mich hier im Kindergarten aus", „Ich weiß, wohin das Spielmaterial gehört", kann eine solche Aufgabe dem Kind leicht machen. Je kleiner ein Kind ist, um so weniger wird es einschätzen können, wieviel Material es zu seinem „Vorhaben" braucht. Das „viel zu viele" Material wegzuräumen ist lästig. Ein vorbeugendes Nachfragen des Erziehers: „Brauchst du so viel?", könnte zu einer unaufdringlichen Erleichterung werden. Wenn auch jeden Tag aufgeräumt werden muß, so ist die Aufgabe als solche grundsätzlich abwechslungsreich. Ein Kind kann jeden Tag mit anderem Material spielen, das jeweils eine andere Art des Wegräumens notwendig macht: einmal mit wenigen Handgriffen, ein anderes Mal mit mehr Aufwand. Kinder spielen zu zweit oder in kleinen Grüppchen. Sie können sich die „Arbeit des Aufräumens" teilen, unter Umständen ein Spiel daraus machen, indem sie einen Baukasten mit besonderem Muster einräumen oder eine Schminkecke auf ganz spezielle Weise für den nächsten Tag zu weiterem Spiel einrichten.

Zur unbeliebten Aufgabe wird das Aufräumen, wenn allzu plötzlich dazu aufgefordert wird, wenn sie in allzu begrenzter Zeit erledigt werden soll, wenn nichts von dem erhalten bleiben darf, was eben noch mit Freude und Eifer oder Hingabe entstanden ist.

Frühstück richten und wieder wegräumen ist vor allem für die Kinder leicht, die sich diese Aufgabe selbst aussuchen. Die Erfahrung: „Ich kann für alle Kinder den Tisch decken. Das ist nötig, und damit werde ich hier in der Gruppe gebraucht", kann auch den Kindern die Aufgabe erleichtern, denen sie vom Erzieher übertragen wird. Die unterschiedlichsten Schwierigkeitsgrade könnten darin bestehen, daß der Erzieher sich zuerst selber beteiligt, dann einem anderen Kind die Rolle der helfenden Beteiligung aufträgt, anbietet oder vorschlägt; daß er „gute Freunde" zusammen arbeiten läßt; daß er die Aufgabe überhaupt nur für eine begrenzte Zeit überträgt.

Zur unbequemen Aufgabe wird das Tischdecken, wenn Kinder das innerhalb kurzer Zeit „geschafft" haben müssen; wenn sie ein intensives Spiel dafür unterbrechen oder abbrechen müssen, weil sie an der Reihe sind; wenn der Tisch immer nur auf eine ganz bestimmte Weise gedeckt werden kann; wenn auch „Freiwillige" sich nicht beteiligen dürfen, weil „schließlich jeder das mal allein bewältigt haben soll".

Blumen pflegen und Tiere versorgen sind für viele Kinder begehrte Aufgaben. Die Pflege ist einleuchtend, und die Anteilnahme fällt oft nicht schwer. Mit der Anleitung, der Beratung, der Hilfe des Erziehers lassen sich angemessene Handhabungen erlernen. Die Schwierigkeit der Aufgabe besteht in der unbedingten Zuverlässigkeit und genauen Beachtung der jeweils angemessenen Durchführung.

Die Ausführung aller genannten Aufgaben hat sichtbare Resultate, zu denen Stellung genommen werden kann. Erzieher und gelegentlich auch Kinder äußern sich zu „herumliegenden" Kleidungsstücken. Es könnte sein, daß sie sich, zu den vielen, die am richtigen Platz hängen, zu selten äußern, um diese Aufgabe leicht und schließlich zu einer Selbstverständlichkeit zu machen.

Ähnlich verhält es sich bei gelungenem oder noch nicht gelungenem Aufräumen. Nicht auffindbare Spielsachen, verlorene Teile, die ein Spiel unbrauchbar machen, nachlässiges Aufräumen überhaupt führen zu negativen Äußerungen von Erziehern und auch von Kindern. Das Bemühen um ordnungsgemäßes Aufräumen wird – vor allem da, wo es noch unvollständig gelingt – gar nicht immer deutlich genug zu erkennen sein und darum häufig der hilfreichen Bestätigung entbehren.

Sich an einen fertig gedeckten Tisch zu setzen, wird unter Umständen zu einer Selbstverständlichkeit, die nicht unbedingt erörtert wird. Ist der Tisch mit besonderer Sorgfalt gedeckt oder fallen Unvollständigkeiten auf, so kommt dies sicher zur Sprache.

In allen genannten Fällen ist positive und auch negative Stellungnahme nötig, damit Aufgaben im Laufe der Zeit angemessen erfüllt werden können. In allen Fällen läßt sich alles „Noch-nicht-gelungene", „Noch-falsch-Gemachte" ohne großen Schaden beheben.

Anders sind die Auswirkungen, wenn Pflanzen oder Tiere nicht so versorgt werden, wie sie versorgt werden müssen. Hier kann ein Versäumnis oder ein falsches Handeln des Kindes einen irreparablen Schaden zur Folge haben. Wenn schon bei aller Kritik bedacht werden muß, welche Auswirkung sie für das einzelne Kind hat, so gilt das hier in besonderem Maße. Ein Kind, das ohne sein Wollen etwa einem Tier geschadet hat, weil es dieses noch nicht richtig versorgen konnte, kann unter Umständen selber Schaden leiden, dessen Folgen im Augenblick nicht abzusehen sind.

Aufgaben, die nicht alltäglich, aber im Alltag des Kindergartens möglich sind, sollen in den folgenden Beispielen geschildert werden.

 Eine Erzieherin plant, mit einer Gruppe von sechs Kindern zwischen 4; 3 und 5; 8 Jahren einen Garten anzulegen. Einerseits ist ihr wichtig, den Kindern die in der Nähe zu erlebende und zu erhaltende Natur ein Stück weit vertraut zu machen, andererseits will sie diesen Kindern die Gelegenheit geben, sich an einer solchen „Sonderaufgabe" zu beteiligen. Es ist die Gruppe, die bisher am wenigsten durch irgendetwas hervorgehoben worden war: Es sind weder „die Großen, die bald in die Schule kommen", noch „die Kleinen, denen man noch viel nachsehen und helfen muß". Innerhalb dieser Gruppe sind zwei Kinder, die besonders schwer Kontakt zu anderen Kindern finden und hier eine besondere Chance haben sollen, innerhalb einer Kleingruppe, mit Hilfe der Erzieherin, sich an Aufgaben zu beteiligen, die für die gesamte Gruppe wichtig werden sollten.

Die Erzieherin will sie zu selbständiger Erfüllung ausgewählter Aufgaben und zur Verantwortung in ausgewählten Teilbereichen führen. Sie will die Kinder den Erfolg erleben lassen, den sie herbeigeführt haben, an dem sie zumindest beteiligt sind.

Die erste Aufgabe war: Je zwei Kinder zusammen sollten Kresse in Blumenuntersetzer säen; einmal in Erde, einmal auf Watte. Sie sollten beides feucht halten, bis geerntet werden konnte. Die Kinder konnten das Wachsen beobachten. Sie konnten den Kindern, die nicht beteiligt waren, ihre Arbeit mitsamt den Folgen zeigen. Nach einigen Tagen fiel die zweite Aufgabe an. Die Kresse konnte geerntet werden. Die Gruppe bereitete damit einen Kresse-Quark zu, von dem alle Kinder zum Frühstück etwas bekamen.

Eine kurze Wartezeit, ein täglich zu sehender „Erfolg", die Möglichkeit, anderen etwas von eigenen „Erfolg" abzugeben, was den anderen auch begehrenswert war: Das waren Erfahrungen, die zu weiteren und mühevolleren Aufgaben motivierten. So wie die ersten Aufgaben, so mußten auch noch einige weitere im Raum erledigt werden, ehe die eigentliche „Gartenarbeit" beginnen konnte. In größeren Blumenkästen säten die Kinder Schnittlauch, Salat und Kürbisse. Sie brauchten noch Anleitung bei der Entscheidung: Wie tief in die Erde?, wie nahe zusammen? Sie brauchten auch die Information, daß das alles nicht so schnell wachsen könne, aber ebenso sorgfältig gepflegt werden müsse wie die Kresse. Unter der Anleitung der Erzieherin übernahmen die Kinder mit steigender Selbständigkeit die Aufgabe, den Pflanzen genug Wasser, Licht und Wärme zukommen zu lassen. Die Zeit des Wartenmüssens, bis die Pflanzen zu sehen waren und ihre unterschiedliche Form erkannt werden konnte, war hier schon wesentlich länger. Aber nun mußten die Pflanzen auch erst noch so „stabil" werden, daß man sie einzeln, weiter auseinander, im Garten einpflanzen konnte. Würden die Kinder so lange Wartezeiten ertragen können? Mußte nicht ihr Interesse an der noch so fernen Garten-Idee zum Erlahmen kommen? Die Erzieherin überlegte und bemühte sich, Überbrückungen zu finden, die im Zusammenhang mit der Gesamtaufgabe standen. Sie besprach mit den Kindern, ob sie nicht Samen oder Pflanzen von zuhause mitbringen könnten, damit der zukünftige Garten angereichert würde. Diese Aufgabe mußte jedes Kind alleine behalten, zuhause vortragen und mit seinem Ergebnis, wie es auch ausfiel, in die Gruppe kommen. Ein Kind brachte eine große Zimmerpflanze mit. Wenn diese auch nicht für den Garten draußen geeignet war, so wurde sie doch – wie alles sonst noch Mitgebrachte – als willkommener Beitrag in Empfang genommen. Die Erzieherin nutzte die Gelegenheit, viele Ableger von dieser Pflanze in Töpfe pflanzen zu lassen. Daran konnte sie den Kindern das Einpflanzen überhaupt zeigen.

Die sechs Kinder nahmen jedes eine kleine Topfpflanze mit nach Hause. Sie konnten auch zuhause die Verantwortung dafür übernehmen, daß sie genug von allem bekam, um wachsen zu können. Sie hatten schon ein Stück Sicherheit durch „Kresse, Salat und Kürbis" bekommen.

Während die Zimmerpflänzchen zuhause und die Samen in den Kästen im Kindergarten wuchsen, arbeitete die Erzieherin mit den Kindern an dem Stück Land, das Garten werden sollte. Dabei erfuhren die Kinder: Die Erzieherin kann viele Aufgaben bewältigen, die wir noch nicht können, aber es gibt auch Aufgaben, bei denen sie Hilfe braucht. Das Gelände mußte vom Unkraut, von Stöcken und Steinen befreit werden, umgegraben und geharkt werden. Die Erzieherin bat Väter und Mütter um Hilfe. Der Anteil an Aufgaben, der zu dieser Zeit den Kindern zufiel, war, alles zu verfolgen, durch Zusehen zu lernen. Dabei entdeckten sie Formen der Beteiligung, die ihnen entsprachen. Sie räumten Unkrautberge weg, die sammelten Stöcke und Steine und brachten alles an Plätze, die dafür vorgesehen waren. Das waren einsichtige Aufgaben, denn die Kinder wußten inzwischen sehr genau, was Pflanzen brauchen, wenn sie wachsen sollen.

Beim Harken konnten die Kinder sich wieder beteiligen. Sie lernten, jeder einen Teil zu harken, sich gegenseitig die Harke zu überlassen, miteinander abzuschätzen, ob die Erde fein genug geharkt sei für die kleinen Pflanzen, die eingepflanzt werden sollten.

Die Erzieherin teilte mit Hilfe von Brettern die Beete ein. Die Kinder hatten die Aufgabe, fest auf die Bretter zu treten, so daß dadurch Wege entstanden, auf denen man zu den einzelnen Beeten kommen konnte.

Reihen-Ziehen war eine neue Arbeit. Die konnte man am besten zu dritt bewältigen. Einer hielt die Schnur am einen Ende, einer am anderen und der Dritte zog mit einem Stock eine Rille für den Samen oder bohrte Löcher für die Pflanzen an der Schnur entlang. Weitere Aufgaben konnten die Kinder allein und selbständig übernehmen. Säen und Erde darüber streuen war ihnen schon bekannt. Jetzt konnten sie die Samen, die sie von zuhause mitgebracht hatten, verwenden. Sie konnten die Arbeit an dem gesäten Salat und Kürbis fortsetzen. Den Umgang mit den inzwischen gewachsenen Pflanzen konnten sie schon fast sicher. Ihre Arbeit hatte bereits „Früchte" getragen, wenn auch noch keine Endergebnisse, so doch Teilergebnisse, die weiterhin der sorgsamen Pflege durch die Kinder bedurften. Die Erzieherin half den Kindern auch jetzt, die Wartezeit ein wenig zu erleichtern. Sie schlug ihnen vor, Schilder für die einzelnen Beete zu malen, damit man erkennen könne, was da wachsen sollte. Daraufhin übernahmen die Kinder es selber, andere Kinder, andere Erzieher und auch die Eltern zu informieren über das, was sich da im Garten entwickelte.

Unkraut von kleinen Pflanzen zu unterscheiden, war eine schwierige Aufgabe. Die Kinder waren daran interessiert, daß ihre Pflanzen wachsen sollten, darum konnten sie die Ausdauer und die Sorgfalt aufbringen, das Unkraut auszuziehen und darauf zu achten, auch die Wurzeln mit herauszubekommen. Immer wieder auch Stöckchen und Blätter von ihren Beeten abzusammeln, wurde für sie ohne Aufforderung zur Selbstverständlichkeit, ja zu einer erfreulichen Tätigkeit. Wenn das Wachsen auch nicht ganz so schnell passierte, die Kinder hatten Gelegenheit zu beobachten, anderen etwas zu zeigen und anderen zu erzählen. Auf das Wachsen konnten weder sie noch die Erzieherin Einfluß nehmen. Aber schließlich konnte doch geerntet werden: Radieschen, Möhren und Kohlrabi, die im Kindergarten gegessen werden konnten, an denen alle Kinder Anteil hatten; Tagetes, die für ein bestimmtes Kind den Geburtstagstisch schmückten; Sonnenblumen, die für alle den

Raum schmückten; Salatköpfe, die die Kinder mit zu ihren Eltern nahmen; Kürbis und Bohnen, die man kochen mußte und
dann gemeinsam essen konnte.

Was die Kinder erlebten, erfuhren, lernten oder als Eindruck mitnehmen konnten, war sehr viel:

- Schon die aufgetragenen Arbeiten waren „schön": sie
  waren neu, interessant, immer wieder mit „Spannung"
  verbunden; sie vermittelten Erfahrungen über alle
  Sinne: sehen, anfassen, riechen, schmecken; sie erfor-
  derten „handgreifliche" Arbeit;
- nicht alle Aufgaben kann ich alleine lösen, ich muß gezeigt bekommen, wie man das macht, aber dann kann
  ich es auch allein oder mit einem anderen Kind zusammen;
- wir können manche Aufgaben nur gemeinsam bewältigen, aber jeder kann das tun, wozu er in der Lage ist:
- für manche Aufgaben muß man besonders behutsam
  sein, für andere muß man Kraft genug haben, einige
  dauern lange, andere sind ganz schnell getan;
- man kann nicht alle Aufgaben gleichzeitig tun, dabei
  gibt es lange und kürzere Wartezeiten;
- es gibt Aufgaben, deren Ergebnis schnell zu sehen ist,
  bei anderen dauert das viel länger;
- die Ergebnisse dieser Aufgaben kann man gebrauchen:
  Man kann sie essen, verteilen, den Raum schmücken,
  für sich und für die, die nah dazu gehören.

Aufgaben, die solche erfreulichen und befriedigenden Erfahrungen möglich machen, sind dazu angetan, die Bereitschaft zu fördern, Aufgaben überhaupt zu übernehmen.

8. Überlegte Regeln

Gemeint sind auch hier nicht Regeln eines Spiels oder einer Übung, sondern die Spielregeln des Zusammenlebens,
die ebenso ernst gemeint sind und ebenso notwendig ge-

braucht werden, wie die Aufgaben, die der Kindergartenalltag den Kindern abverlangt.

Bei den Aufgaben gibt es solche, die alle Kinder erfüllen müssen, und andere, die nur von wenigen Kindern erfüllt werden müssen oder können.

Regeln, die für eine Gruppe gelten sollen, müssen für
alle in der Gruppe verbindlich sein. Wenn es auch Regeln
gibt, wie etwa: „Die Großen dürfen zeitweilig alleine auf
dem Spielplatz sein, die Kleinen noch nicht", so ist die
Auswirkung in den Altersstufen zwar unterschiedlich,
dennoch gilt die Regel für die gesamte Gruppe.

Es gibt Regeln, zu deren Einübung der Erzieher den
Kindern Zeit lassen kann. Einige Regeln aber lassen das
zum Schutz der Kinder nicht zu. Z.B. muß jedes Kind
sich vom ersten Tag an daran halten, Haus und Außengelände um keinen Preis zu verlassen. Viele andere Regeln
gelten zwar auch vom ersten Tag an und sind auch für alle
Kinder verbindlich, können aber nach und nach erlernt
werden. Für die Kinder, die schon längere Zeit in der
Gruppe sind, ist es wichtig zu erleben: Ich kenne mich hier
aus, ich weiß Bescheid, ich kann anderen Kindern sagen,
an welche Regeln wir uns halten müssen. Aber auch die
Erfahrung, die solche Kinder machen, die neu in die
Gruppe kommen, ist wichtig: Vieles im Kindergarten ist
mir noch fremd, aber es gibt Kinder, die kennen sich aus;
einige von ihnen sagen mir Bescheid, damit ich mich besser zurecht finde; außer mir sind andere Kinder da, die
ebenso fremd und „neu" sind wie ich.

Die einfache Regel: „Wir begrüßen uns, wenn wir kommen, und
wir verabschieden uns, wenn wir weggehen", ist mehr als eine
Form höflichen Umgangs miteinander. Sie ist eine Geste gegenseitiger Beachtung und gegenseitigen Beachtetwerdens.
Der Erzieher, der die Kinder begrüßt und verabschiedet, wenn
sie kommen oder gehen; der sie begrüßt, wenn er kommt, und
sich verabschiedet, wenn er geht, vermittelt den Kindern damit
ein Stück Sicherheit: Ich beachte dein Kommen und dein Weggehen, es ist mir nicht gleichgültig, ob du da bist oder schon
fortgegangen, ich melde mich, wenn ich da bin, und ich sage dir
auch, wenn ich weggehe, du kannst dich darauf verlassen. Auf
der Grundlage solcher Sicherheit muß es den Kindern nicht
schwer fallen, den Erzieher in gleicher Weise über ihr Kommen

und Gehen in der Form des Begrüßens und Verabschiedens zu informieren. Mit dem Angebot, das der Erzieher den Kindern auch innerhalb des Hauses macht: „Ich sage euch, wohin ich gehe, damit ihr mich findet, wenn ihr mich braucht", erleichtert er ihnen mit Sicherheit die Forderung: Sagt ihr mir auch, wohin ihr geht, damit ich Bescheid weiß. Das spielt in den Einrichtungen eine besonders wichtige Rolle, in denen die Kinder in mehreren Räumen spielen können. Diese Regel muß nicht immer in der gleichen Weise erhalten werden. Sie kann so erweitert werden, daß Kinder und Erzieher sich nur dann noch gegenseitig Bescheid geben, wenn sie das Haus verlassen und sich im Außengelände aufhalten. Je genauer die Erzieher untereinander und die Erzieher den Kindern gegenüber diese Regel einhalten, um so weniger wird sie zur Kontrolle degradiert und um so verläßlicher kann sie von den Kindern eingehalten werden.

Eine Regel, die weit schwieriger einzuhalten ist, aber als wesentliche Grundvoraussetzung für ein ungestörtes Spiel notwendig ist, lautet: „Kein Kind darf einem anderen Kind sein Spiel mit Absicht zerstören".

An einigen Einzelsituationen sollen die vielerlei Überlegungen und Abwägungen aufgezeigt werden, die eine solche Regel auslösen kann:
● Ein Kind will Frisör spielen und braucht Kinder, denen es seine Dienste anbieten kann. Die anderen Kinder sind aber in andere Spiele einbezogen. „Wer wäre wohl am ehesten bereit, mit mir zu spielen? Was würden die anderen Spielpartner sagen, wenn ich den einen „abwerben" wollte? Wie kann ich mein Spiel attraktiver machen als das, was die anderen gerade spielen?" So oder ähnlich sind vielleicht Gedanken, die dazu führen, einen Spielpartner anzusprechen oder auch den Spielgedanken aufzugeben, weil die Lösung zu schwierig erscheint
● Eine Gruppe von Kindern baut ein großes Gelände mit Straßen, Häusern und Autos. Sie brauchten eigentlich noch die ganz langen Klötze und die Autos, die so besonders gut rollen. Die aber werden gerade von anderen Kindern gebraucht. „Wegnehmen ist nicht möglich; gleichgültig, ob man nicht genug Mut hat oder ob man wirklich nicht zerstören will! Verhandeln ginge vielleicht, aber ob man Aussicht auf Erfolg hätte? Hätten wir ein Tauschangebot, das akzeptiert würde"? Solche Gedanken einzelner führen vielleicht zu einem Gespräch in der „Baugruppe", das dann eine Lösung findet, mit der weiter gebaut werden könnte, unter Umständen mit denen zusammen, die zuerst nur das zusätzliche Material liefern sollten.

- Ein Kind hat mit Legosteinen gebaut und brauchte nun das Material, was am Vortage schon „verbaut" wurde und als fertige Ergebnisse auf der Fensterbank steht. „Kann man die einfach holen und anderweitig verwerten? Das braucht doch niemand mehr? Wird der ‚Hersteller' sehen, daß ich seine ‚Bauwerke' wegnehme? Soll ich ihn fragen? Was mache ich, wenn er sie mir nicht gibt? Soll ich die Erzieherin fragen"? Ob es zu einem Gespräch mit dem „Hersteller" kommt oder eins mit der Erzieherin nötig wird, eine Lösung wird gefunden werden müssen.

In allen Fällen wird die Regel eingehalten, aber verschiedenartige Lösungen, die eigenen Bedürfnisse dabei zu befriedigen, werden erwogen. Für welche Lösung die einzelnen sich letztlich auch entscheiden, soziale Erfahrungen machen sie dabei in allen Fällen, die ihnen helfen, eigene und fremde Bedürfnisse als berechtigt kennenzulernen.

 Andere Regeln vermitteln andere Erfahrungen. In einer Gruppe wird gleich zu Beginn des Vormittags ein Frühstückstisch für 4 Kinder gedeckt. Das übernimmt die Erzieherin. Der Tisch steht in der Nähe einer Spüle in Kinderhöhe. Die Regel lautet: Jedes Kind, das gefrühstückt hat, spült das von ihm benutzte Geschirr und deckt den Tisch für den nächsten, genau so, wie es selbst den gedeckten Platz vorgefunden hat. Meistens weiß das einzelne Kind gar nicht, wer unmittelbar nach ihm das Gedeck benutzt. Jedes Kind der Gruppe könnte es sein.

So macht die Regel möglich, was außerhalb der Regel kaum zu erwarten ist: Einer bereitet für einen anderen etwas gewissenhaft vor, gleichgültig, wer das ist, ein Freund, einer, mit dem ich kaum Kontakt habe, oder auch einer, mit dem in Kontakt zu kommen gar nicht oder nur in negativer Form gelingt.

Regeln wie: „In der Puppenecke dürfen immer nur vier Kinder spielen", oder: „In der Bauecke dürfen immer nur drei Kinder spielen", haben da, wo sie mit Kindern abgesprochen werden, ihre Vorgeschichte. Für eine begrenzte Zeit mögen sie eine Lösung sein, auf Dauer grenzen sie viel mehr ein, als sie an Lernprozessen zulassen:

 Uwe und Carsten sind Freunde. Sie spielen auf dem Bauteppich. Lars verträgt sich sehr schlecht mit den beiden. Die Regel: „Es dürfen drei...", besagt aber, daß er dort spielen darf. Da ist kein Verhandeln nötig. Die Anforderung, sich zu einem gemeinsamen Spiel zusammenzufinden, ist nicht gegeben. Sie können völlig nebeneinander spielen, ohne den geringsten Ansatz einer Kommunikation.

Ohne die Regelung müßten die drei wahrscheinlich verhandeln und kämen dann zu dem Schluß, sich gegenseitig in Ruhe zu lassen oder unter bestimmten Bedingungen miteinander oder auch nebeneinander zu spielen. Es könnte einen Streit geben, den sie alleine nicht lösen könnten, zu dem sie die Hilfe des Erziehers brauchten. Aber all das wäre weit wichtiger zu erleben, als das „tote" Nebeneinander.

- Wollen aber vier Kinder in der Bauecke spielen, dann müssen sie – unter der Regel: „Nur drei dürfen..." – entscheiden: Entweder ist uns das Zusammensein wichtig, dann müssen wir uns ein anderes Spiel ausdenken! Ist aber das Bauen das Wichtigere, dann muß einer etwas anderes tun. Die Vermutung ist sicher nicht ganz unberechtigt, daß in solchen Fällen häufiger der „Schwächste" auf „ein andermal" vertröstet wird. Das eine Kind ist betroffen, trotz der Regel, die wahrscheinlich mit allen Kindern abgesprochen ist, und an diesem Punkt kann das eine Kind die Hilfe des Erziehers nicht entbehren.

Wenn immer nur drei Kinder in der Bauecke spielen dürfen, muß zwangsläufig eine weitere Regel folgen, die besagt, wie lange denn die drei da bleiben dürfen. Wenn Kinder aber – um es extrem auszudrücken – Schlange stehen müssen, um zu einem begehrten Spiel zu kommen, ist das die sicherste Methode, es ihnen zu verleiden.

Wenn der Bauteppich zum Problem wird, weil er von zu vielen begehrt ist, ließen sich mit Sicherheit andere Formen finden, dies zu lösen. Die individuelle Hilfe des Erziehers in „Krisenfällen" bietet den Kindern – mit wachsender Beteiligung an der jeweils notwendigen und möglichen Lösung – weit größere Chancen, Formen des gemeinsamen Spiels auch „in engen Verhältnissen" zu finden, als eine einmalige „Problemlösungsentscheidung" das kann.

 Eine andere Regelung hilft den Kindern, sich als eine individuelle Persönlichkeit mit eigenen Fähigkeiten und eigener Entwicklung kennenzulernen: Die Erzieherin hat vom ersten Kindergartentag an für jedes Kind einen Leitz-Ordner angelegt. Alle gemalten, geklebten Bilder, alles, was flächig dort unterzubringen ist, wird gesammelt, gelocht und nach und nach eingeheftet. Je größer und selbständiger die Kinder werden, um so gewissenhafter heften sie ein, was sie nicht im Augenblick mit nach Hause nehmen wollen. Die Ordner sind nicht alle gleich dick gefüllt am Ende der Kindergartenzeit, aber das zeigt nur, daß jedes Kind seine Interessen woanders haben kann. Manchmal sitzen zwei Kinder zusammen und betrachten und vergleichen ihre Werke und erkennen dabei: Ich war mal kleiner und ungeschickter, als ich jetzt bin, aber die Bilder waren wichtig genug, um aufbewahrt zu werden. Das, was ich jetzt kann, können die „Kleinen" in unserer Gruppe noch nicht, sie werden das aber auch lernen, so wie ich das gelernt habe.

Damit hat jedes Kind ein persönliches Eigentum, ob mit wenigen oder vielen Bildern, mit nur sehr „frühen" oder schon „gekonnteren" Werken, das ist nicht das Entscheidende. Beachtet wird jeder Ordner. Er hat sein bestimmtes Zeichen, an dem das Kind den seinen erkennt. Der Ordner ist jederzeit verfügbar, kann gezeigt oder auch zurückgehalten werden. – Eine weitere Regel besagt: Kein Kind darf ungefragt den Ordner eines anderen Kindes herausnehmen; mit seiner Zustimmung aber jederzeit. Da werden Absprachen nowendig. Im Laufe der Zeit lernen die Kinder, angemessen mit dem Eigentum des anderen umzugehen, weil sie daran interessiert sind, daß ihr Eigentum ebenfalls pfleglich behandelt wird. Dazu wird die Unterstützung des Erziehers notwendig sein, der verständlich macht, daß Zeichnungen und Bilder, die ein Kind vor ein oder zwei Jahren gemalt hat, unwiederbringlich verloren sind, wenn sie zerstört sind. Auf die Weise machen Kinder die Erfahrungen, die beide in gleicher Weise wichtig sind: Es gibt Schäden, die wieder gutzumachen sind, aber auch solche, die nicht auszugleichen sind, sondern durch die etwas absolut Unersetzbares zerstört ist.

Je kleiner die Kinder sind, um so schwieriger ist es für sie, abgesprochene Regeln einzuhalten. Sie denken im Augenblick ihres Spiels an eben dieses Spiel und nicht an die Regel, die zu einem ganz anderen Zeitpunkt abgesprochen wurde.

Die Aufgabe des Erziehers, Regeln zu finden, die zur Erleichterung des Zusammenlebens beitragen, ist ebenso schwierig:

● Die Kinder müssen die Regel mit Einsicht verstehen können (auch wenn die Einsicht zeitweilig nicht gegenwärtig ist!):

● die Kinder müssen die Regel in den meisten Fällen einhalten können (bei zu vielen Ausnahmen ließe man die Regel besser weg);

● Regeln müssen wirklich erleichtern und dürfen nicht verkomplizieren oder Lernchancen verbauen: im Gegenteil, sie sollten Formen des Austausches, des Zusammenseins erweitern.

Eine solche Regel soll im folgenden Beispiel veranschaulicht werden:

 Eine Erzieherin setzt sich am Nachmittag, wenn die Tageskinder geschlafen haben, mit ihnen zu einer lockeren Runde zusammen. Die Gruppe ist dann nicht mehr so groß wie am Vormittag, und man hat Zeit, aufeinander zu hören. Die Erzieherin hat etwas Gebäck, ein Getränk oder Obst vorbereitet, das sie auf einem niedrigen Tisch in der beliebten Leseecke anbietet. Die Regel bzw. die als Regel praktizierte Gewohnheit ist, daß man sich zu einer kleinen Stärkung und zum Übergang vom Schlaf zum Spiel zusammenfindet. Was daraus wird, kann an jedem Tag anders aussehen. Von zwei Tagen soll hier berichtet werden: „Daniel (4; 3) hat einen Sprachfehler. Er geht regelmäßig zur Sprachtherapie. An diesem Tag erzählt er davon. Die Erzieherin fragt interessiert und lockt damit Daniel zum Sprechen und zu weiteren Informationen heraus. Die anderen Kinder werden daran interessiert und fragen ihrerseits ‚wie das geht'. Daniel macht vor, was er üben mußte, und einzelne Kinder probieren das aus. Die Erzieherin knüpft hier an und erzählt: ‚Früher gab es noch keine solchen Sprach-Schulen. Bei dir, Daniel, merkt man, wie gut die Schule für dich

ist. Mir ist aufgefallen, daß du einige Worte schon viel deutlicher sprechen kannst!' "

Die Kinder erfahren: Ein Sprachfehler ist ein Mangel. Es ist nicht selbstverständlich, daß alle Kinder ohne jeden Mangel leben. Aber man kann an diesem Mangel etwas verändern. Darüber kann man sich unterhalten. Daniel kann beim nächsten Mal vielleicht schon mehr Worte richtig sprechen. Daniel wird wegen seines Sprachfehlers nicht ausgelacht. Er kann von dem, was er erlebt, genau so unbekümmert berichten, wie jedes andere Kind auch.

Diese Möglichkeit wird nicht nur durch die Regel der „gemütlichen Runde" an sich geschaffen, sondern durch den Erzieher, der diese Regel auf diese Weise nutzt.

 An einem anderen Tag erzählen drei größere Mädchen davon, daß sie am Vormittag einen Tanz eingeübt hätten. Sie hätten doch das Lied: „Der Herbst ist da!" gelernt, und zu dem Lied hätten sie sich einen Tanz selber ausgedacht. Nicht nur die Erzieherin ist gespannt und möchte den Tanz gerne sehen, auch die Kinder sind daran interessiert. Die drei sind gerne bereit, das vorzumachen. Sie wissen, alle Kinder kennen das Lied, aber sie wollen zuerst einmal ganz alleine singen und tanzen, wie sie das geübt haben. Und so machen sie es auch. Der Applaus bestätigt ihnen, es hat den anderen gefallen! Die Erzieherin fragt, ob denn nicht die Gruppe einmal mitsingen könnte. Anderswo würden doch auch Tänze von Musik begleitet. Den Dreien gefällt es, daß ihr Tanz solche Folgen hat. Mit Hilfe der Erzieherin lernen die Kinder alle den Tanz. Jedes Kind kann jetzt Tänzer oder begleitender Sänger sein.

Wiederum ist es die vom Erzieher genutzte Regel bzw. Gewohnheit, die die Voraussetzung zum Erzählen schafft. Die Wiederholung läßt für jedes Kind offen, wann und was es von sich erzählen will.

Mit dergleichen wiederholten Erfahrungen („was hier erzählt wird, findet ein gutes Echo") werden auch vorsichtigere Kinder den Mut finden, von Erlebtem zu berichten.

 Eine andere Erzieherin räumt ganz regelmäßig mit ihrer Gruppe ab 10.00 Uhr das Spielzeug ein. Nicht alle Kinder kennen die Uhr, aber die meisten erkennen: Wenn der eine Zeiger oben auf der 12 steht und der andere auf der 10, dann müssen wir anfangen, unser Spiel zu beenden. In den allermeisten Fällen fällt es einem Kind auf, daß jetzt Zeit zum „Einräumen ist". Es fängt selber an und erinnert auch andere Kinder an diese Abmachung. Es dauert immer eine geraume Zeit, bis alle fertig sind. Die Kinder sind daran gewöhnt. Die einen sind schon fertig. Sie sehen sich Spielergebnisse wie: Bauwerke, Bilder, geklebte Konstruktionen oder geformte Figuren an, die nach und nach beendet werden. Einige Kinder setzen sich auch schon in die gemütliche Ecke, in der man sich üblicherweise versammelt. Schließlich kann sich auch die Erzieherin mit den Kindern, die zuletzt fertig geworden sind, dazu setzen. Bei den ersten „Treffen in der gemütlichen Ecke" erkundigte sich die Erzieherin danach, ob denn alle, die zur Gruppe gehörten, da seien; ob jemand von den Kindern wisse, aus welchem Grund denn das eine oder andere heute fehle. Inzwischen ist es den Kindern zur Gewohnheit geworden, sich nach den anderen umzusehen und nachzufragen oder auch zu berichten, warum eines der Kinder nicht da ist.

Ein weiterer Gesprächspunkt ist der bis dahin erlebte Vormittag. Wer will und kann, erzählt von dem, was er gespielt hat, zeigt unter Umständen der Gruppe das Ergebnis; manchmal weitet sich ein solcher Bericht zu einer Unterhaltung aus, an der viele auch nur durch Zuhören beteiligt sind. Es wird auch von Schwierigkeiten bei Spielen berichtet, von Kindern, die überhaupt nicht richtig gespielt hatten, von solchen, die etwas kaputt gemacht oder weggenommen haben, ohne zu fragen. Auf diese Weise kann die schwierige Situation noch einmal im Abstand und in Ruhe besprochen werden. Die Kinder erfahren die Einstellung der Erzieherin zu dieser Situation. Sie hat vielleicht hier eher die Gelegenheit, den Kindern zu helfen, ihren „Feind von vorhin" etwas besser zu verstehen und ihn damit auch gerechter zu beurteilen. Es kann ebenso sein, daß ein absichtlich negativ gemeintes Verhalten noch einmal in aller Deutlichkeit als ein solches benannt wird, und ein Kind aufgefordert werden muß, so nie mehr zu handeln. Wenn das in der Gruppe so offen gesagt werden kann, dann muß dazu die Hoffnung und das Vertrauen ausgesprochen werden, die diesem Kind entgegengebracht werden: „Du kannst dich doch anders verhalten! Wir kennen dich doch aus vielen anderen Situationen anders!"

Wenn solche Fragen geklärt sind, wird abgesprochen, wie der weitere Vormittag verlaufen soll. Die Erzieherin hat Vorschläge, einige Kinder haben Vorschläge, und gemeinsam beraten sie, was an dem Tag durchzuführen ist.

Viele Erfahrungen sind hier möglich:

- Sich von einem Spiel trennen, fällt manchen Kindern schwer, man muß ihnen etwas Zeit lassen;
- jeder hat etwas anderes gespielt, aber alles ist wert, berichtet oder betrachtet zu werden;
- nicht alle Spiele waren schön, aber wir haben Hilfe, und wir werden uns gegenseitig helfen, daß sie schöner werden;
- nicht jeder merkt gleich, wenn ein Kind fehlt, man kann sich darauf aufmerksam machen;
- nicht jeder weiß, warum eines nicht dabei ist, man kann sich aber bei anderen erkundigen;
- die Gruppe denkt an die, die nicht da sind, wenn ich einmal nicht da bin, dann fragen sie auch nach mir.

An einem Tag machte ein Kind die Erzieherin mit der Bemerkung darauf aufmerksam, daß ein Kind fehlte: „Der sah gestern schon so blaß aus, der ist sicher krank."

Da wird etwas davon sichtbar, wie sensibel auch Kinder im Kindergartenalter den anderen wahrnehmen können.

Wo Regeln besprochen und begründet werden, können die Kinder auch von sich aus auf die Idee kommen, bei unangenehmen oder lästigen Erfahrungen nach Regeln zu suchen, die Abhilfe schaffen können.

Es hat oft Lärm gegeben. Die Kinder können nicht ungestört spielen. Das gegenseitige Überschreien: „Seid doch mal ruhig", hatte überhand genommen. Die Erzieherin setzte sich mit der Gruppe zusammen: „So ist es nicht mehr schön bei uns." Ein Kind macht den Vorschlag: „Wem es zu laut wird, der kann doch den Arm hoch heben!" Die Erzieherin stimmt dem zu und erweitert die Idee: „Alle, die das sehen, heben den Arm auch hoch und sind einen Augenblick still. So verbreitet sich die Nachricht, ‚es ist zu laut', ganz ohne Worte. Und wenn es ruhig genug ist, kann jeder den Arm wieder herunter nehmen und leiser weiterspielen."

Jedes einzelne Kind kann solche Regeln mit Selbständigkeit handhaben. Damit hat es eine Form gefunden, sein individuelles Bedürfnis zur Geltung zu bringen. Weil alle anderen Kinder auch wollen, daß ihre Bedürfnisse berücksichtigt werden, daß man auf ihre Anregungen hört, ihre Vorschläge akzeptiert, machen sie bei dieser Regel mit Selbstverständlichkeit mit.

Ein letztes Beispiel zeigt: Kinder können nicht nur Regeln einhalten; sie können auch eine Regel, für eine ganz individuelle Situation abgewandelt, nutzen:

 Oliver und Carsten waren in einen heftigen Wortwechsel geraten. Sie schrien sich an und gingen dabei mit Schimpfworten nicht zimperlich um, sie überboten sich geradezu. Als Oliver offenbar absolut kein schlimmeres Wort mehr wußte als Carsten, hob er seinen Arm hoch. Carsten tat das auch und beide waren still. Das Arme-Hoch-Heben verbreitete sich in der Gruppe und in der allgemein sich ausbreitenden Ruhe ging auch der Streit unter.

9. Umgang mit Konflikten

Konflikte in einer Kindergruppe gänzlich vermeiden zu wollen, wäre ein Plan, der an „lebendigen" Kindern vorbei gedacht wäre. Mit einer solchen Entscheidung wäre außerdem ein wesentlicher Teilaspekt des Gesamtziels der Erziehung zu sozialem Verhalten für den Kindergarten ausgespart.

Konflikte zu „proben", d. h. künstlich zu inszenieren, um an solchem Spiel zu lernen, ist ein überflüssiges Handeln, das die Wirklichkeit einer lebendigen Kindergruppe in gleicher Weise außer acht läßt. Denn: Konflikte gibt es im Kindergartenalltag ohnehin in genügender Anzahl und in genügender Vielfalt. Und: Was sich im Konflikt-Spiel (oder im sogenannten „Problemrollenspiel", d. h. nicht dem spontan gesuchten Rollenspiel dieser Altersstufe) lernen läßt, kann ohnehin nicht den gleichen Tiefgang und die gleiche Reichweite haben wie der Konflikt im Ernstfall.

Wo aber liegt hier der richtige Ansatz?

Alles bisher Gesagte weist darauf hin, wie viele Überlegungen dazu nötig sind, das Zusammenleben in der Gruppe für die Kinder zu einer möglichst positiven Erfahrung werden zu lassen. Und das bedeutet keineswegs, eine unangefochten „heile" Welt herstellen zu wollen. Wenn das gesamte Ziel ernst gemeint ist, dann gehören zu positiven Erfahrungen auch solche wie diese:

- Wir hatten Streit, aber wir vertragen uns wieder;
- ich habe mich getraut zu sagen, was ich nicht richtig finde, und die anderen Kinder haben mir zugehört;
- jemand hat uns geholfen, als wir mit dem Streit nicht mehr allein zurecht kamen;
- ich habe den beiden, die sich stritten, gesagt, sie sollten damit aufhören;
- ich hätte so gerne mitgespielt; niemand hat es bemerkt; ich traute mich nicht zu fragen, aber dann hat ein Junge mich auch dazu geholt.

Für den Erzieher wird es nicht möglich sein, alles, was jedem seiner Kinder das Leben schwer macht, mitzubekommen. Kinder werden weggedrängt, irgendwohin gedrängt, geschubst, auch ohne daß ein Erzieher es merkt.

Kinder werden mit Worten und mit Blicken verletzt, verspottet, verlacht, ohne daß ein Erzieher es hört oder sieht. Es gibt sicherlich keine Statistik darüber (wer sollte sie auch erstellt haben?), wie viele Kinder in Kindergärten in solchen Situationen nicht in der Lage sind, ihrer Hilfsbedürftigkeit Ausdruck zu geben.

Wenn also ein Erzieher das berechtigte Ziel verfolgt: „Kinder sollen lernen, ihre Konflikte allein zu lösen", dann muß er auch all die von ihm nicht bemerkten Konflikte mitbedenken. Auch an ihnen wird deutlich, daß Kinder durchaus auch Konflikte erleben, mit denen sie nicht allein oder noch nicht alleine umgehen können. Sowohl die Kinder, die sich „schubsen" lassen, sich „verspotten" lassen, als auch die, die in dieser Weise die aktiven sind und die anderen „schubsen" und „verspotten", sind häufig gar nicht in der Lage, zu erkennen, daß sie Hilfe brauchen. Beide müssen lernen, so miteinander umzugehen, daß ihre Begegnungen nicht zu einer immer tieferen Kluft zwischen ihnen werden, sondern zu einem Ansatz für eine Brücke, auf der man aufeinander zugehen kann.

Da, wo der Erzieher auf Schwierigkeiten reagiert, die Kinder untereinander haben oder die zwischen Kindern und Erziehern bestehen, erleben ihn zunächst die, die unmittelbar betroffen sind. Aber sein Handeln vollzieht sich in der Regel vor den Augen und Ohren aller Kinder, so daß auch die Nicht-direkt-Betroffenen sein Handeln miterleben. Die Auswirkungen seines Vorbild-Handelns kann er nicht immer abschätzen. Darum ist sein Entscheiden an solchen Krisenpunkten des Zusammenlebens so verantwortungsvoll.

Wenn vorhin von „positiven" Erfahrungen die Rede war, die innerhalb der schwierigen Situationen des Zusammenlebens gemacht werden können, dann gehören auch solche dazu, in denen ein Kind dem anderen sagt:

— Das habe ich nicht gewollt;
— das habe ich falsch gemacht;
— es tut mir leid;
— was ich zerstört habe, will ich wieder aufbauen;
— dieses Wort werde ich nicht mehr gebrauchen.

Das lernen Kinder nicht nur dadurch, daß der Erzieher ihnen zu einer Einsicht, die vorerst nur für diese eine Begebenheit ausreicht, verhilft. Das lernen sie mit mindestens ebenso großer Eindringlichkeit, wenn sie den Erzieher erleben als einen Erwachsenen, der das, was er falsch entscheidet, auch den Kindern gegenüber als falsch bezeichnet und nach einer richtigen Entscheidung sucht.

Vorbild sollte der Erzieher schon sein, aber er muß nicht ein fehlerloses Vorbild sein, sondern eines, das mit Fehlern umgehen kann, so, wie seine Kinder damit umgehen lernen sollen. Auch innerhalb der Konflikte ließe sich eine Spanne aufzeigen von solchen, die leicht und schnell gelöst werden können, bis hin zu denen, die Kinder und auch Erzieher rat- und hilflos machen.

Nicht alles, was nach Entstehung einer Streitsituation aussieht, muß sich als solche bestätigen.

 Mirjam (4;2) und Claudia (4;4) sitzen an einem kleinen Tisch einander gegenüber und malen mit Wasserfarben. Es scheint ihnen nicht leicht zu fallen, die Farben nach ihren Vorstellungen auf's Papier zu bringen. Immer wieder wischen sie die Pinsel und auch die Hände an dem Lappen ab, der zwischen ihnen auf dem Tisch liegt und immer wieder dahin gelegt wird. Hin und wieder fällt ein Wort: „Ich mal' einen Baum." „Ich auch." Auf einmal greifen beide gleichzeitig nach dem Lappen. Im ersten Augenblick sehen sie sich erstaunt an und halten beide den Lappen fest; im nächsten versucht jede, den Lappen zu sich heranzuziehen. Der Gesichtsausdruck ist bei beiden Kindern ärgerlich. Sie zerren hin und her. Ein Streit scheint unvermeidbar. Plötzlich läßt Mirjam für einen ganz kurzen Augenblick etwas lockerer und zieht dann wieder heftiger zu sich hin, so daß ein Hin und Her deutlich wird. Dabei lächelt sie Claudia zu. Claudia lacht zurück, und von da an wird aus dem hartnäckigen Zerren ein belustigendes Hin- und Her-Spiel, das nur eine ganz kurze Zeit dauert. Danach lassen beide den Lappen los, legen ihn an seinen Platz und wenden sich ihren Malblättern zu.

Die Kinder erleben die Störung durch den Malpartner; einen gescheiterten Versuch, den eigenen Willen durchzusetzen; ein Friedensangebot ohne Worte, noch ehe der Unfriede zum Streit wurde. Die beiden waren in der Lage, einen Konflikt alleine zu lösen. Sie sind allerdings nicht der Forderung nachgekommen, Konflikte verbal zu lösen, die so häufig als Ziel formuliert wird. Hier waren es Gesten, die keiner Worte bedurften, die aber gut verstanden wurden.

Erzieher, die solche Beobachtungen machen, erfahren etwas von den Fähigkeiten kleiner Kinder, einen Gesichtsausdruck richtig zu interpretieren und darauf einzugehen. Sie erfahren: Allzu frühes Eingreifen nimmt den Kindern die Chance, die Lösung zu finden, zu der sie im Augenblick in der Lage sind.

In einem anderen Beispiel wird von der Erzieherin eine Form der Konfliktlösung angeboten, die sicher nicht ganz alltäglich ist:

 Jens (5;8) und Oliver (6;1) haben zusammen gespielt und sind in Streit geraten. Eine komplizierte Konstruktion hätte entstehen sollen. Jens hat ungeschickterweise daran gestoßen und alles zum Einsturz gebracht. Oliver vermutet ein absichtliches Anstoßen und gibt ihm eine Ohrfeige, die er mit lautem Schimpfen begleitet. Das kann Jens sich nicht gefallen lassen. Er hält sich an Olivers Haarschopf mit aller Kraft fest und schlägt heftig zurück. Die Erzieherin kommt hinzu: „Ihr kämpft unfair! Kommt auf die Matte und kämpft, wie es sich gehört, wenn es nicht anders geht"! Einen Augenblick scheint es so, als könnten die beiden Jungen ohne einen Kampf auskommen und sich mit einem letzten wütenden Schimpfwort zufrieden geben. Aber dann geht es schon wieder mit einem Tritt von Oliver gegen Jens' Schienbein weiter. Die Erzieherin holt eine Turnmatte in den Raum und fordert die beiden Jungen auf, ihren Kampf auf der Matte weiterzuführen. Das zwingt die beiden, eine ganz kurze Pause zu machen, bis sie die wenigen Schritte zu der Matte gegangen sind. Jeder ist voller Zorn und fühlt sich offenbar dazu berechtigt, dies dem anderen auch deutlich zu zeigen. Ringkampfregeln auf der Matte sind in der Gruppe eingeübt. An den Haaren ziehen, ins Gesicht schlagen, in den Bauch boxen, treten und kratzen ist ganz streng verboten. Die Matte hilft den Kämpfenden, sich an die Regeln zu erinnern und sie einzuhalten. Außerdem tragen die zuschauenden Kinder und Erzieher dazu bei, nur nach abgesprochenen Regeln zu kämpfen. Jeder Kämpfer kann versuchen, den andern auf die Matte zu legen. Beide setzen viel Kraft ein. Schließlich bleibt Jens liegen und Oliver setzt sich auf seinen Bauch. Die zuschauenden Kinder klatschen. Der Kampf ist beendet. Die Erzieherin setzt sich zu den Kämpfern auf die Matte und fragt nach dem Beginn des Streits. Die Erklärung wird noch einmal hitzig, aber mit Hilfe der Erzieherin wird der Anfang herausgefunden. Sie kennt Jens und glaubt ihm, daß er nicht zerstören wollte, und sie hilft dem Oliver, das auch glauben zu können. Dann nimmt sie Stellung zu dem Kampf. Sie sagt den Jungen, was sie schon richtig gemacht haben und was sie noch genauer beachten müssen. Sie bietet ihnen an: „Ihr seid ja beide stark, und wenn ihr wieder einmal kämpfen wollt, könnt ihr die Matte auch haben, ohne vorher ein Bauwerk umzustoßen." Jens hat die Niederlage noch nicht ganz verkraftet. Die Erzieherin erkennt, daß er noch eine Bestätigung für faires Kämpfen braucht. Sie hebt einzelne richtige Verhaltensweisen in seinem Kampf hervor. Das hilft ihm, dem Vorschlag Olivers zuzustimmen, das gemeinsame Spiel wieder aufzunehmen.

Im Leben vieler Kinder wird ein solches Kräftemessen nicht völlig auszuschalten sein. Eine Form zu suchen, bei der kein Kind einen ernsthaften Schaden davontragen kann, ist mit Sicherheit eine ernst zu nehmende Überlegung. Wo Kinder unter den Augen und damit auch unter dem Schutz der Erzieher lernen, sich an faire Kampfregeln zu halten, haben sie Wichtigeres und Brauchbareres gelernt, als wenn sie nur aufgefordert werden: „Laßt das sein und sprecht doch über das, was euch ärgert!"

Die Erzieherin hat von den Jungen nicht verlangt, ihren Zorn, der sich in aggressivem Handeln äußerte, sofort in Worte zu fassen. Das wäre nur unter dem „Druck" der Erzieherin möglich gewesen. Sie hat aber von jedem gefordert, sein aggressives Handeln so zu steuern, daß der Partner keinen Schaden leiden mußte. Sie hat den beiden Jungen dies sozusagen als eine Zwischenstufe angeboten. Damit hat sie zunächst den Konflikt als solchen bestehen lassen, noch ohne die Ursache zu kennen. Erst danach verhalf sie den Jungen dazu, ihr die Ursache mit Worten zu erklären. Von da an konnten die Jungen auf Argumente der Erzieherin hören und sich daran orientieren.

Hier machen nicht nur die beiden Jungen Erfahrungen, die sie im Umgang mit Konflikten stabilisieren; die ihnen helfen, dem Streit den angemessenen Stellenwert zu geben, sondern alle Kinder, die zusehen und dem Gespräch zuhören, sind in diesen Lernprozeß einbezogen.

 In einer Kindergruppe bemüht sich die Erzieherin darum, den Kindern einen „Ort" anzubieten, an dem sie mit Worten ihre Schwierigkeiten im Umgang mit den anderen Kindern vortragen können. In einer Ecke des Raumes gibt es einen Tisch mit einem Hocker als Stufe davor. Beides wird zum Spielen nur selten benutzt, seitdem diese Ecke mit ihrem Zubehör zur „Meckerecke" erklärt worden ist. Wenn das sogenannte Freispiel seinen Abschluß gefunden hat und die Gruppe sich zu einer gemeinsamen Aktion zusammenfindet, haben Kinder Gelegenheit, auf den Tisch zu steigen und die anderen um Gehör zu bitten. So wie sie es vermögen, tragen die einzelnen Kinder vor:

– Einer hat nicht mitgespielt;
– ein anderer hat die Regeln nicht eingehalten;

- einer hat einem anderen etwas weggenommen;
- einer hat einen anderen geschlagen;
- einer hat gelogen…

Nicht alles ist neu. Manche Probleme sind zum Zeitpunkt des Geschehens bereits gelöst. Hier kann noch einmal – aus dem Abstand heraus – dargestellt, richtig gestellt werden, und sowohl Erzieher als auch Kinder können sich dazu äußern. Was dieses Angebot der Erzieherin so deutlich zu einer Lernchance für die Kinder macht, zeigt die Tatsache, daß längst noch nicht alle Kinder verstanden haben: Hier geht es um eine Form des Protests. Einige, besonders die jüngeren Kinder, benutzen dieses „Auf-den-Tisch-steigen" zu einer Gelegenheit, von dort aus irgendetwas, was ihnen im Augenblick einfällt, zu erzählen. Sie „üben sich" schon einmal in der „öffentlichen Rede" und schaffen sich damit eine gute Voraussetzung auch für problematische Inhalte, die sie von dort aus mitteilen wollen.

Wie schwierig es für einen Erzieher werden kann, ein Kind in eine Gruppe zu integrieren, soll mit dem Beispiel von Annette beschrieben werden:

 Drei Jungen und vier Mädchen, die im letzten Jahr im Kindergarten sind, haben seit einiger Zeit ein langfristiges Spielprogramm. Eine Burg ist gebaut, in der sie als Ritter mit Schild, Helm, Schwert und Pferd spielen. Die Mädchen sind Burgfräulein, mit schönen Gewändern, hohen Mützen und viel Schmuck. Annette ist etwas jünger als die „Rittergesellschaft". Sie möchte aber auch sehr gerne mitspielen. Die „Großen" lehnen das ab. Annettes Bitte wird aber so dringend, daß Jens, der Ober-Ritter nicht mehr ohne Begründung ablehnen kann. Er versucht es mit Bedingungen, von denen er offenbar glaubt, Annette könne sie nicht erfüllen: „Du mußt dir auch einen Schild, einen Helm, ein Schwert und ein Pferd machen, dann kannst du mitspielen!" Annette ist glücklich. Sie eilt zur Erzieherin und bittet sie um alles Material, das sie braucht, um die Bedingungen zu erfüllen. Die Erzieherin hilft ihr, wenn Annette alleine nicht schnell genug fertig wird oder mit der Technik nicht zurecht kommt. Dennoch dauert es zwei Vormittage, bis Annette alles hat, was ihr den Einzug in die Burg möglich machen soll. Stolz kommt sie an die Falltür der Burg und

bittet um Einlaß. Das völlig Unerwartete tritt ein. Der Ober-Ritter lehnt abermals ab: „Nein, du kannst noch nicht mitspielen! Du brauchst auch noch eine hohe Mütze, ein Burgfräulein-Gewand und den Schmuck!" Es scheint so, als bewunderten die Mannen ihren standhaften Ober-Ritter. Sie stimmen seiner Entscheidung lebhaft zu. Annette zieht sich enttäuscht zurück. Wieder braucht sie die Hilfe der Erzieherin. Jetzt ist nicht nur Materialbeschaffung und Beratung bei der Herstellung nötig, jetzt braucht Annette auch den Trost und die Ermutigung der Erzieherin. Aber Annettes Wunsch, mitzuspielen, bleibt so stark, daß sie auch die weiteren Zubehöre zusammenbringt und nun zum dritten Mal an die Falltüre kommt. Und Jens, der Ober-Ritter, lehnt ganz ohne jede Begründung ab. Mit seinen Mannen stellt er sich vor die Tür und weist Annette zurück: „Wir können dich nicht gebrauchen." Die Burgfräulein halten sich zurück. Es wird nicht deutlich, ob sie Jens' Meinung teilen oder ob sie nur nicht wissen, wie sie Annette zum Mitspiel verhelfen können. Annette geht weg. Sie setzt sich in einiger Entfernung auf einen Stuhl und macht einen völlig rat- und mutlosen Eindruck, sieht aber immer noch sehnsüchtig zu der Burg.

Die Erzieherin ist auch ratlos und vor allem enttäuscht von ihren „Rittern". Sie wollte der Annette die Erfahrung ermöglichen, ein Problem, das sehr viel eigene Anstrengung gekostet hatte, nun auch endlich gelöst zu haben. Sie erkennt: Jetzt reicht meine Hilfe in der bisherigen Form nicht mehr aus, jetzt muß ich selbst eingreifen. Sie holt eine Tüte mit Süßigkeiten und meldet sich in der Burg als Gast an. Sie wird eingelassen. Ritter und Burgfräulein speisen mit dem Gast. Dabei bringt die Erzieherin das Gespräch auf einen anderen Gast, der nicht eingelassen wurde (Annette). Zunächst bleibt sie dabei noch ein Gast, der über einen anderen Gast spricht. Aber dann muß sie ganz und gar zur Erzieherin werden, die den Kindern deutlich macht: Wenn man jemandem Bedingungen stellt, die dann von diesem erfüllt werden, gibt es keinen Grund mehr, ihn wiederholt abzuweisen. Das Gespräch dauert eine ganze Weile. Die Erzieherin vermutet, sie habe den Ober-Ritter schließlich überzeugt, daß Annette das Spiel weder stört noch behindert, im Gegenteil, daß sie durchaus ein guter Spielpartner sei. Die Falltür wird geöffnet und Annette darf mitspielen. Sie gesellt sich zuerst zu den Burgfräulein, die ihren Schmuck aus der Nähe betrachten und schön finden. Die Erzieherin achtet noch eine Weile auf das Spiel, dann wendet sie sich anderen Kindern zu, die außerhalb der Burg spielen. Ohne die Erzieherin fühlt der Ober-Ritter sich offenbar wieder zuständig, die Entscheidungen in der Burg zu treffen: „Komm, wir mauern die Annette dort in der Ecke ein"! Und das geschieht auch.

Es ist schwer einzuschätzen, was die einzelnen Kinder, die sich als Ritter oder Burgfräulein ihrem „Ober-Ritter" fügen, dabei als Spiel oder als „Rache" empfinden. Annette darf nicht auch noch im Spiel so sinnfällig von den anderen isoliert werden dadurch, daß sie eine Mauer um sie bauen. Ein sehr langer und sehr mühevoller Weg zur Integration fing erst an. Für die Erzieherin war die Aufgabe vor allem deshalb so schwierig, weil sie nicht nur der Annette ihre Zuneigung deutlich machen wollte, sondern auch ihre Sympathie für die Ritter-Bewohner und vor allem für den Ober-Ritter nicht aufgeben wollte.

Ein letztes Beispiel soll eine andere Schwierigkeit aufzeigen, die den Erzieher unter Umständen daran hindert, ein Problem wirklich zu lösen:

 Rahel (5;6) und Carsten (5;3) spielten auf dem Hof Nachlaufen. Carsten mußte gefangen werden. Er rannte auf eine Mauer zu, vor der im Abstand von etwa einem halben Meter eine dicke Pappel stand. Vermutlich wollte er zwischen Baum und Mauer entwischen. Dazu mußte er eine sehr scharfe Linkskurve rennen, denn Rahel war ihm dicht auf den Fersen. Carsten schaffte die Kurve nicht ganz und prallte gerade in dem Augenblick gegen die Mauer, als Rahel, die ihr Tempo auch nicht bremsen konnte, wenn sie ihn tatsächlich erreichen wollte, ihm zum Zeichen des Gefangenseins auf den Rücken schlug. In ihrem Siegergefühl hatte Rahel nicht gleich gesehen, daß Carsten seinen Kopf an der Mauer aufgeschlagen hatte und blutete. Die Erzieherin kam schnell hinzu. Offenbar hatte sie nur die allerletzte Phase des Spiels gesehen und darum gar nicht als Spiel erkennen können. Sie fuhr Rahel an: „Warum schubst du denn den Carsten so fest gegen die Mauer"? Carsten wurde verpflastert und Rahel durfte für eine Weile nicht mehr auf dem Hof spielen.

Rahel wußte wohl, daß sie Carsten nicht gegen die Mauer geschubst hatte, und daß sie zu Unrecht bestraft wurde. Es gab aber keine Chance, der Erzieherin den Tatbestand richtig zu erklären. Für die Erzieherin war die Situation offenbar ganz eindeutig und bedurfte keiner Erklärung. Was sie gesehen hatte, war ganz klar. Ob Rahel keinen Mut zur Erklärung hatte oder ob sie die Aussichtslosig-

keit, eine andere Version des Sachverhaltes glaubhaft erläutern zu könnnen, erkannte, läßt sich nicht mit
Sicherheit sagen. Das Erlebnis liegt mehr als 10 Jahre zurück. Rahel weiß es noch sehr genau. Die Erzieherin hatte
ihr eine böse Absicht unterstellt, die sie gar nicht gehabt
hatte. Daß es vielleicht für die Erzieherin diesen Anschein
haben mußte; daß es für sie gar nicht anders aussehen
konnte – das ist eine Überlegung, die Rahel erst viel später
anstellen konnte. Zum Zeitpunkt des Erlebnisses aber war
ihr dies nicht möglich. Das Gefühl, ungerecht behandelt
worden zu sein, und die Unfähigkeit, die Situation der Erzieherin verstehbar zu machen, haben einen bleibend tie-
fen Eindruck hinterlassen.

Ein Konflikt also war hier vom Erzieher an falscher
Stelle – zwischen zwei Kindern – vermutet worden, während er in Wahrheit zwischen ihr und einem der Kinder
(unerkannt) bestand.

Anknüpfend an den Ausgangspunkt der Überlegungen
zum Thema „Konflikte" ist nun zu sagen:

Daß Konflikte zum Kindergartenalltag notwendig dazugehören, konnte an dem bisher Gesagten deutlich werden.

Daß Konflikte nicht künstlich erzeugt und ihre Lösung
vorgeprobt werden sollte – darüber mag es verschiedene
Meinungen geben. Wie tief aber real erlebte Konflikte gehen können und wie nachhaltig geglückte oder auch nicht
geglückte Konfliktlösungen im Gedächtnis bleiben und
nachwirken können, das sollte in jedem Fall deutlich geworden sein.

Mit allen bisher aufgezeigten Beispielen und zugehörigen
Reflexionen sollte unterstrichen werden, wie wichtig *der
gelebte Augenblick* und die *richtig erfaßte* oder auch vom
Erzieher geschaffene *Gelegenheit* für das Mit-Konflikten-
umgehen-Lernen ist.

Jedoch soll mit alledem nicht gesagt sein, daß nicht
auch erinnerte Erlebnisse (von Kindern wie von Erziehern) ein geeignetes Mittel sein können, um darüber zu

sprechen und daran zu lernen. Ansätze zu solchem Abstand-Nehmen und Aus-dem-Abstand-Betrachten sind den oben geschilderten Beispielen bereits zu entnehmen.

Ein weiterer Schritt in der Richtung des Abstandnehmens, des Sich-Besinnens und Nach-Denkens ist da gegeben, wo man nicht nur über Erlebnisse spricht, in denen die Anwesenden selbst als Betroffene vorkommen, sondern auch über solche, die sich bei anderen Menschen, an anderen Orten und zu anderen Zeiten zugetragen haben; d. h. zunächst solche, über die die Erzieherin oder die Kinder aus eigener Anschauung berichten können; oder schließlich auch solche, die in Texten und Bildern festgehalten sind bzw. die von einem Autor in exemplarischer Weise gestaltet worden sind.

Beim *methodischen Einsatz von Bilderbüchern*, Bildmappen, Vorlesebüchern und dgl. erscheinen – im Hinblick auf das Konfliktlösungs-Lernen – einige weitere grundsätzliche Überlegungen notwendig.

Wenn etwa – um es einmal überspitzt zu formulieren – auf einen soeben vorgefallenen Konflikt mit dem Heranholen eines entsprechenden Bilderbuches reagiert würde; wenn der Hinweis auf den dort dargestellten Fall das persönliche Reagieren des Erziehers ersparen sollte; wenn schließlich der Einsatz des „Mediums" Buch (oder Film oder dgl.) den Einsatz der ganzen Person des Erziehers ersetzen sollte, dann wäre damit ein Mißgriff, ja ein Mißbrauch eines an sich wertvollen pädagogischen Gutes vollzogen.

Nicht, daß man lohnende Gehalte in Text- und Bild-Form zur nachträglichen Besinnung über Konfliktgeschehen oder zum vorwegnehmenden Hinweis auf mögliche Konflikt-Probleme heranzieht, ist an sich zu kritisieren. Die damit gegebene Verallgemeinerung von Erkenntnissen und Einsichten kann eine wichtige Ergänzung zur individuellen Behandlung des Einzelfalles bilden. Aber wenn ein ganz bestimmter Vorfall mit einer ganz bestimmten Geschichte behandelt und damit sozusagen „erledigt" werden sollte –, dann wäre weder dem Ernst des wirklichen Einzelfalles noch der möglichen und oft viel weiter reichenden Aussagekraft eines Buches genügend Rechnung getragen.

Bücher, Bilder, Spiele und Filme sollten nicht in zu eng geführter Weise als „*Mittel*" für bestimmte „Erzichungszwecke" gebraucht (mißbraucht) werden; sondern mit der ganzen in ihnen enthaltenen Fülle und Reichhaltigkeit sollten sie den Kindern nahegebracht werden, um ihnen damit – gerade über die von ihnen erlebten Einzelfälle hinaus – ihren Gesichtskreis zu erweitern, ihre Anschauung, ihr Erleben zu bereichern und ihr Verstehen zu vertiefen. Lohnende Inhalte, die über das alltäglich Erfahrene hinausgehen oder es in einem neuen Licht erscheinen lassen – an die Kinder mit Bedacht herangebracht –, können einen Erlebnisbestand, einen unersetzbaren Schatz bilden, aus dem Kinder (im glücklichen Fall) immer wieder schöpfen und von dem sie „zehren" können in Situationen, die der Erzieher im einzelnen gar nicht voraussehen kann. Aber die Unmöglichkeit, die unmittelbare Wirkung oder den späteren „Erfolg" solchen Heranbringens abmessen oder überprüfen zu können, sollte den Erzieher nicht daran hindern, sich um eine solche Bereicherung des Erlebens seiner Kinder immer wieder in wohlverstandener Weise zu bemühen.

Die Auswirkung wird allemal da am nachhaltigsten sein, wo die Gesinnung, die sich im Handeln des Erziehers zeigt, und die Gesinnung, die aus dem Text des Buches spricht, im Einklang stehen.

10. Gespräche in der Gruppe

In allem bisher Gesagten steht der Alltag des Kindergartens im Vordergrund, in dem Kinder und Erzieher soziale Verhaltensweisen erleben. Wenn hier Gespräche als eine Form des Umgangs miteinander in besonderer Weise hervorgehoben werden, dann sind nicht solche Gespräche gemeint, wie Einzelsituationen im Alltag sie erfordern, sondern Gespräche, die vom Erzieher vorbereitet werden und über den erlebten Augenblick hinausgehen.

Der Ausgangspunkt für ein solches Gespräch kann die Gruppe selbst sein, aber zeitlich über die Gegenwart hinaus, die Vergangenheit oder die Zukunft der Gruppe zum Inhalt haben; es kann Personen und Räume außerhalb des Kindergartens einbeziehen.

Wenn der Erzieher z. B. mit den Kindern eine gemeinsame Aktion plant, werden sie nicht nur informiert über das, was auf sie zukommt, sondern auch in welcher Form wer an der Vorbereitung beteiligt sein kann oder will oder muß, wenn das Unternehmen gelingen soll.

Dabei handelt es sich um ein Ereignis, das erst in einem zeitlichen Abstand von dem geführten Gespräch eintritt. Die Kinder erleben zunächst eine gedankliche Vorbereitung, an der sie sich auch gedanklich aktiv beteiligen können.

Ein anderer Anlaß für ein Gruppengespräch, in das alle Kinder einbezogen werden, könnte die bevorstehende Veränderung in der Gruppenzusammensetzung sein. Werden Kinder oder Erwachsene verabschiedet, so sollten die „Bleibenden" sich anteilnehmend darauf einstellen können. Wenn während des gemeinsamen Aufenthalts in der Gruppe das Bemühen der Erzieher dahin ging, sich gegenseitig wahrzunehmen, nicht achtlos aneinander vorbeizuleben, dann darf auch niemand „plötzlich einfach nicht mehr da sein". Erfahrungen, die hier für Kinder zu machen sind, sollten in ihrer Bedeutung nicht unbeachtet bleiben:

- Wir können jemandem, der weggeht, mitteilen, daß er uns fehlen wird;
- wir können ihm etwas mitgeben, damit er eine sichtbare Erinnerung an uns hat;
- wir können erfahren, wohin er geht und was er dort anderes erlebt als wir, die wir hierbleiben;
- wir bleiben auch nicht immer hier; (und wo es sich um den Abschied von Kindern handelt, die in die Schule kommen) was die Kinder jetzt erleben, erleben wir später auch;

- jemand geht weg, daran kann der Betreffende nichts ändern; vielleicht will er das auch gar nicht, und wir, die wir hier bleiben, können es auch nicht ändern, ob der Abschied uns schwer fällt oder nicht.

Kommen neue Kinder oder Erzieher in die Gruppe, kann das Gespräch denen, die mit dem Gruppenleben vertraut sind, bewußt machen:

- Wir sind in der Lage, den „Neuen" das Einleben zu erleichtern;
- früher waren wir auch fremd in der Gruppe;
- wir haben etwas gelernt, was wir anderen weitergeben können.

Dabei können Vorstellungen der Durchführung solcher Einlebungshilfen sich auf Kinder oder Erwachsene richten, die noch unbekannt sind, und auf Handlungsweisen, die erst in der Zukunft gebraucht werden. Dabei können Erinnerungen an eigene Anfangszeiten zum Verständnis für die Neuen beitragen. Ein solches Gespräch kann den Kindern erste Eindrücke von allem Anfangen und Beenden menschlichen Zusammenseins überhaupt vermitteln.

Wo es sich um Kinder handelt, die aus einem anderen Land mit einer anderen Sprache und anderen Gewohnheiten neu in die Gruppe kommen, läßt sich das Gespräch um das unmittelbare Miteinander-Umgehen im Kindergarten erweitern:

- Was es bei uns gibt, gibt es anderswo auch, ähnlich, genauso oder auch ganz anders,
- was es bei uns gibt, gibt es anderswo nicht, dafür aber etwas ganz anderes;
- manche möchten in ihrer Heimat bleiben, können aber aus vielerlei Gründen nicht dort bleiben;
- manche freuen sich, in ein anderes Land zu ziehen und dort zu leben;
- was wir von dem Leben in einem anderen Land nicht wissen, können wir erfahren, noch ehe die Kinder von dort kommen; es gibt Bilder und Bücher, die davon berichten;

- die Kinder werden unsere Sprache so wenig verstehen, wie wir ihre;
- jeder kann die Sprache des anderen lernen, zuerst einzelne Worte, die den Anfang erleichtern;
- vieles kann man ganz ohne Sprache mitteilen, mit den Augen, dem Gesichtsausdruck, mit weiteren Gesten, mit Zeigen und Vormachen.

All das kann an Erlebnisse der Kinder angeknüpft werden, damit über das Verstehen hinaus auch die Fähigkeit und die Bereitschaft zur Anteilnahme erweitert wird.

Gespräche, die die nahe Umgebung des Kindergartens zum Thema haben, können die Wohn-Umgebung, die Menschen, besondere Ereignisse, hervorheben und dadurch den Kindern vermitteln:

- Der Kindergarten ist in einen größeren Zusammenhang eingeschlossen;
- wir können die Umgebung kennenlernen;
- wir können an Ereignissen teilnehmen, teilhaben;
- die Nachbarn kennen uns nicht und wir sie auch nicht, aber wir können uns gegenseitig kennenlernen;
- für ein verständnisvolles Zusammenleben sind Absprachen und gegenseitige Rücksichtnahmen erforderlich.

Die unterschiedlichsten Berufe können zum Thema gemacht werden; weil es Berufe der Eltern sind, weil die Ausübung einzelner Berufe in der Nähe zu sehen ist, weil ein Bild oder ein Buch den Anstoß zu einem ausführlichen Gespräch geben. Die Kinder erfahren z. B.:

- Wer einen Beruf hat, hat gelernt, diese Arbeit auszuführen;
- viele Arbeiten müssen von mehreren Menschen zusammen geleistet werden;
- viele Berufe hängen voneinander ab;
- für Arbeit bekommt man Geld;
- die Gestaltung des Lebens hängt mit verdientem Geld zusammen;

- in einer größeren Gemeinschaft werden alle Berufe gebraucht;
- niemand kann ganz alleine leben.

Mit Bilderbüchern oder Geschichten lohnenden Inhalts über menschliches Zusammenleben kann der Erzieher die Kinder unter Umständen teilhaben lassen an Ereignissen, die sie selber noch nicht erlebt haben, aber später erleben können; die sie selber nie erleben werden, die weit in der Vergangenheit liegen, die überhaupt kein wirklich erlebtes Leben beschreiben. Auf solche Weise nehmen Kinder Anteil an sozialem Verhalten nur mit ihren Gedanken, ihrer Vorstellung, ohne alles Sehen, Fühlen und Mitleben. Damit wird nicht nur ihre „Vorstellungswelt" erweitert, sondern auch ihre Fähigkeit, sich in andere Menschen, in andere Lebenslagen, in andere Schicksale hineinzuversetzen, zu verstehen, sich einzufühlen und mitzuempfinden.

Nicht nur die Tatsache des Sich-Zusammensetzens und Miteinander-Sprechens wird sich auf die Kinder als eine Erfahrung der Zugehörigkeit zu dieser Gruppe auswirken. Auch das, was inhaltlich besprochen und damit zu einem gemeinsamen Wissen, einem gemeinsamen Vorhaben wird, schließt zusammen. Alles, was inhaltlich über das Leben im Kindergarten hinausgeht, vermittelt den Kindern erstes Verständnis für weitere und größere Zusammenhänge gemeinsamen Lebens überhaupt.

Solche Gespräche können weder eilig noch oberflächlich geführt werden. Der Erzieher braucht Zeit, um den Kindern Zeit lassen zu können für ihr Gedanken- und Assoziationstempo, für ihre Gedankensprünge und ihre Fragen. Er braucht Zeit, um Noch-Unverstandenes in veränderter Form verständlich zu machen. Er braucht selber so viel Geduld, daß er den ungeduldigen Kindern davon mitgeben kann, und so viel eigenes Interesse, daß er die Noch-Uninteressierten einbeziehen kann. Er braucht aber auch genug inhaltliche Vorbereitung, damit er zu Vorschlägen und Ideen der Kinder begründet Stellung nehmen kann, damit er fragen kann und auf die Fragen der Kinder Antworten weiß.

11. Höhepunkte und besondere Ereignisse

Erfahrungen im Alltag des Kindergartens vertiefen sich dadurch, daß viele Wiederholungen gleicher oder ähnlicher Abläufe möglich sind. Höhepunkte unterbrechen den Alltag, sie ragen aus seiner bedingten Regelmäßigkeit heraus. Gemeint sind nicht nur Feste, die mit allen Kindern vorbereitet werden sondern auch Ereignisse, die sich in irgendeiner Weise vom Alltag abheben. Was aber aus der Sicht oder dem Empfinden eines Kindes zum Höhepunkt im Sinne einer besonders beeindruckenden Erfahrung wird, kann von ganz unterschiedlicher Art sein. Es können Feste sein, aber auch besondere Unternehmungen, wie etwa Ausflüge, die mit der ganzen Gruppe geplant und durchgeführt werden. Es können außergewöhnliche Ereignisse sein, die von niemandem vorgesehen oder geplant worden waren, die aber den ganzen Kindergarten oder auch nur einzelne Kinder betreffen und auf die man nun im Kindergarten reagieren muß. Eine solche Erfahrung kann ein Kind beglücken, sie kann es stolz machen, sie kann es erstaunen lassen oder auch betroffen machen. Zum sozialen Lernen tragen sie in der Weise bei, daß Formen des Zusammenlebens sozusagen mit „Unterstreichungen" erlebt werden, in einem anderen Sinn und Bedeutungszusammenhang. Singen kann man immer, aber Weihnachtslieder zu diesem besonderen Fest mit einer besonderen Bedeutung. Ähnlich ist es bei einem Geburtstag. Ein Kind erfährt: „Ich stehe im Mittelpunkt, weil ich geboren bin, weil ich jetzt ein Jahr älter bin."

 So läßt ein Kindergeburtstag z. B. Erfahrungen zu, die sich nicht grundsätzlich von Erfahrungen unterscheiden, die auch im Alltag erlebt werden können. Wenn ein Kind Geburtstag hat, steht es an diesem Tag im Mittelpunkt. Auch im Alltag kann ein einzelnes Kind einmal im Mittelpunkt stehen: Weil es bei einem Spiel die Spielregel angibt; weil es bei einer Übung allen anderen Kindern etwas vormacht; weil es der gesamten Gruppe etwas vorsingt oder erzählt; weil andere zu seinem Verhalten positiv oder auch negativ Stellung nehmen.

Was das „Im-Mittelpunkt-Stehen" bei einem Geburtstag zu einer anderen als einer „Alltagserfahrung" macht, ist z. B. dies:

- Es ist nur dieses Kind, das heute (den ganzen Tag) Geburtstag hat;
- kein anderes Kind kann sagen: „Ich möchte auch mal!";
- die anderen gestalten für dieses eine Kind eine Feier;
- es muß nichts Hervorgehobenes tun, nichts geleistet haben, nicht „versagt" haben;
- es gibt keinen anderen Grund als den, daß dieses Kind da ist und vor einer (kurzen) Reihe von Jahren angefangen hat, da zu sein.

Was von alledem für das Geburtstagskind eindrücklich wird, hängt von der Art und Weise ab, wie Kinder und Erzieher solche Feiern gestalten. Nicht von der „Großartigkeit" der Feier wird es abhängen, sondern von dem „Drandenken", von der „gelungenen Überraschung", von dem Entdecken „individueller Wünsche", von der Bereitschaft, etwas zum Feiern beizutragen. Auf diese Weise gestaltet sich der Geburtstag eines Kindes zu einem hervorgehobenen Tag für alle Kinder. Im Laufe eines Jahres ist jedes Kind mit Sicherheit einmal in der Rolle des Kindes, an das alle anderen besonders denken, und viele Male in der Rolle derer, die in besonderer Weise an ein bestimmtes einzelnes Kind denken.

In anderer Form können Alltagserfahrungen erweitert werden, wenn gewohnte Regeln außer Kraft gesetzt und durch Ausnahme-Regelungen ersetzt werden:

 In einem Kindergarten frühstückten die Kinder üblicherweise gemeinsam an ihren Tischen im Raum. Während des Sommers hatte eine Gruppe von 6 Kindern im Freien eine „Bude" gebaut, in der sie sich nur dann gleichzeitig aufhalten konnten, wenn sie dicht beisammen auf dem Boden saßen. Die Erzieherin sah ein, daß diese 6 sich nur schwer von ihrer „Bude" würden trennen können, um mit den anderen zum Frühstück in den Raum zu gehen. Sie bot ihnen an, zur Einweihung in ihrer Bude zu bleiben und dort allein zu frühstücken.

Nicht nur die sechs, sondern alle Kinder erlebten diese Ausnahme. Den sechs Kindern vermittelte die Erzieherin damit so etwas wie:

- Eure Bude ist schön geworden;
- ich kann verstehen, daß ihr jetzt erst mal dort bleiben möchtet;
- das ist euch gegönnt;
- ich traue euch zu, daß ihr dort auch alleine frühstücken könnt, ohne alle guten Gewohnheiten außer acht zu lassen!

Den übrigen Kindern vermittelte sie:

- Ausnahmen sind grundsätzlich möglich;
- ich freue mich, wenn eine Gruppe eine besondere Spielidee hat;
- ich kann verstehen, daß man bei einem schönen Spiel nicht gerne aufhört;
- ich bin bereit, Selbständigkeit zuzutrauen;
- auch ihr (d. h. jeder einzelne von euch oder jedes andere Grüppchen) könnt sicher sein, daß ihr bei entsprechender Gelegenheit oder auf besondere Wünsche und Ideen hin ebenso berücksichtigt werdet – soweit es zu machen ist;
- es ist nicht nötig, neidisch zu sein!

Wie weit das so von der Erzieherin Gemeinte und in ihrem Handeln Verwirklichte auch tatsächlich ohne direkte Aussprache von den Kindern verstanden und angenommen wird, läßt sich nicht mit unbedingter Sicherheit vorhersagen. Gewiß wird im Einzelfall außer der indirekten Mitteilung auch ein gelegentlicher verbaler Hinweis, eine mehr oder weniger lange Erklärung oder eine Erinnerung an bereits Erlebtes notwendig sein. Aber ob nun ausdrücklich oder unausdrücklich, direkt oder indirekt, wirklich akzeptiert und angenommen wird dies von den Kindern allerdings nur dann, wenn sie den Erzieher immer wieder als einen solchen erlebt haben und weiterhin erleben, der in seinem Tun ebenso wie in seinem Reden verläßlich ist; der einen nicht vertröstet auf etwas, was dann doch nicht kommt; der augenblickliche Bedürfnisse erkennt und auf sie eingeht (indem er etwa beim geschilderten Beispiel nicht nur den sechs Kindern etwas zuge-

steht, sondern auch den übrigen Kindern das Ihre im
Augenblick „schön" zu machen versteht); der eine indivi-
dualisierende und keine schematische Gerechtigkeit prak-
tiziert.

Solche Erfahrungen sind es, die dann bei allen Kindern
in der Gruppe zumindest Ansätze zu Gefühlen und Haltungen ermöglichen, wie:

- Sich-verstanden-Fühlen und Andere-Verstehen;
- Sich-Freuen und Sich-Mitfreuen;
- etwas „Gegönntes" ohne Einschränkung genießen und
  anderen ohne Vorbehalt etwas gönnen.

Hier liegen sozial-emotionale Erziehungsziele, die bis ins
Leben der Erwachsenen hinein eine grundlegende und oft
nicht genug beachtete Bedeutung haben. „Was kann ich
mir ohne schlechtes Gewissen ‚leisten'," und auch: „Was
kann ich anderen ungeteilten Herzens zugestehen?", sind
Fragen, die dem Erwachsenen immer wieder zum Problem werden können, die er aber nicht mit Willensent-
scheidungen allein beantworten kann, sondern bei denen
er auf gefühlsmäßige Grundlagen zurückgehen muß.

Wenn also einerseits solche scheinbar kleinen und un-
dramatischen Anlässe bei sich bietender Gelegenheit vom
Erzieher aufgegriffen werden, um sie für die Kinder zu
eindrucksvollen Erfahrungen – und damit in gewisser
Weise zu „Höhepunkten" – werden zu lassen, so ist es auf
der anderen Seite doch nicht minder wichtig und sinnvoll,
mit den Kindern größere und auch traditionelle Feste gemeinsam zu feiern.

Erzieher, die mit ihrer Gruppe Feste über einen längeren
Zeitraum hin planen und vorbereiten, können dabei unterschiedliche Schwerpunkte setzen. Nicht von der unterschiedlichen Thematik, nicht von der verschiedenen
Traditionsnähe oder -ferne, nicht von dem verschieden
großen Personenkreis, der einbezogen wird, soll im folgenden ausgegangen werden. Vielmehr erscheint es lohnend, sich einmal die verschiedenen möglichen Erfahrungen zu vergegenwärtigen, die gemacht werden können,
wenn ein Fest längere Zeit angebahnt wird. Dabei soll be-

sonders das unterschiedliche Verhältnis betrachtet werden, in dem die „Anbahnung" und das „eigentliche Fest" zueinander stehen. Einmal ist das Fest als solches, sozusagen das „Endergebnis", das Wichtigste, ein anderes Mal hat der Weg dorthin einen mindestens ebenso großen Stellenwert, und ein drittes Mal hat sogar der Weg überhaupt die größere Bedeutung.

Wenn z. B. eine Kindergartengruppe an einem Martinsumzug ihres Stadtteils teilnimmt oder bei dem Umzug zum Fasching mitgeht, dann wird für die Kinder das „Dabeisein" bei dem tatsächlichen Umzug – vielleicht am Abend, mit Laternen wie die größeren Kinder; vielleicht verkleidet, wie die Eltern und überhaupt alle, die an dem Zug teilnahmen – zum eindrucksvollen Höhepunkt. Die Anbahnung dahin vollzieht sich in der vertrauten Kindergruppe. Was immer an Vorbereitung geschieht, wird von dem „Endergebnis" her bestimmt:

- Die Vorbereitung ist zeitlich begrenzt;
- sie ist thematisch festgelegt, läßt aber in dem gegebenen Rahmen Spielräume zu;
- was im Kindergarten entsteht, hat seine endgültige Bedeutung erst außerhalb des Kindergartens.

Sowohl die Art und Weise der Vorbereitung als auch das Erlebnis selbst können dazu beitragen, Kindern Erfahrungen zu vermitteln, wie: Wir sind beteiligt, wir gehören dazu.

An der Vorbereitung zu einem Faschingsfest im Kindergarten läßt sich ablesen, daß die Anbahnung und das Fest gleichgewichtig bedeutsam sind.

 Eine Erzieherin kam mit ihrer Gruppe überein, Fasching als „Zirkustruppe" zu feiern. Über zwei Wochen hin verwandelte sich der Gruppenraum mehr und mehr in ein Zirkusunternehmen:

- „Wilde Tiere" bauten Käfige und kennzeichneten sie mit dem selbst angefertigten Abbild des entsprechenden Tieres;
- „Künstler" probten Kunststücke, die nicht sehr weit von gekonnten Turnübungen abwichen, aber durch entsprechende

Verkleidung zu akzeptablen „Vorführungen" erhoben wurden;
- „Musikanten" bauten Instrumente und probten Begleitungen zu bekannten Liedern und probierten notwendigen „Lärm" für bestimmte Vorführungen aus;
- „Kassierer" stellten Geld und Eintrittskarten her;
- „Maler" schmückten den Eingang bunt und künstlerisch aus;
- „die Familie" richtete sich den „standesgemäßen Wohnwagen" häuslich ein.

Die gesamte Vorbereitung wurde zu einem Spiel mit vielen Variationen. Nicht alle Kinder waren ununterbrochen mit diesem Spielthema beschäftigt, aber die Gruppen, die jeweils innerhalb des Themas spielten, regten andere einzelne oder Gruppen immer wieder neu an, bezogen sie ein, weil noch eine Rolle „besetzt" werden mußte oder auch weil einmal mit den Instrumenten begleitet werden sollte. Die Rollen waren nicht unbedingt festgelegt. Einzelne Kinder blieben kontinuierlich bei ihrem Vorhaben, andere probierten die anderen möglichen Rollen auch zeitweilig aus.

Das „Fest" bestand darin, daß alles, was bis dahin ausprobiert war, an dem einen vorgesehenen Tag nacheinander vorgeführt wurde und die Erzieherin das ganze „Zirkusunternehmen" zu einer gemeinsamen „Festtafel" einlud.

Die Erzieherin hatte während der gesamten Vorbereitungszeit die einzelnen Spiele der Kinder beobachtet. Sie hatte entstehenden Ideen zu ihrer Verwirklichung verholfen, Informationen über einen „richtigen Zirkus" gegeben, einzelnen Kindern, die von sich aus keine „Rolle" finden konnten, zu einem Platz in dem Zirkusunternehmen verholfen. Sie hatte die fertigen Ergebnisse, z. B. den Käfig des Löwen, die Eintrittskarten oder die gelungene Verkleidung der „Künstler" sowohl für die „Hersteller" als auch für alle anderen Kinder als wichtige Bestandteile des „Gesamtunternehmens" hervorgehoben. Die Kinder erlebten mit, wie aus vielen Einzel-Anteilen etwas Gemeinsames wurde, an dem sie alle beteiligt waren. Das Erlebnis: „Das haben wir jetzt schon", das sich während dieser Zeit häufig wiederholte, ließ sozusagen unterwegs viele kleine „Höhepunkte" zu, die für die einzelnen Kinder vielleicht ebenso eindrucksvoll wurden wie der gemeinsame Abschluß.

 Eine Weihnachtsfeier wurde in einer anderen Gruppe auf folgende Weise vorbereitet: Eine Erzieherin erzählte ihrer Gruppe nach und nach einige von den Geschichten, die der Geburt Jesu vorangehen: „Die Ankündigung durch den Engel", „Johannes der Täufer wird geboren", „Maria und Josef auf dem Weg nach Bethlehem". Bei diesem Erzählen waren alle Kinder zusammen, und es nahm mehrmals in der Woche eine kurze Zeit ein, bei der alle auf dem Bautep-pich „zusammenhockten". Die Kinder reagierten auf solches Erzählen dadurch, daß einige von ihnen Bilder dazu machten, andere sprachen hin und wieder davon, und eine kleine Gruppe von vier Kindern fing an, auf einem Tisch das Gehörte und so Er-lebte mit Bauklötzen zu gestalten: Ein Haus, in dem die Maria wohnen kann, eine Höhe, von der ein Engel kommen kann. Die Erzieherin unterstützte diese Gestaltung der Geschichten: Sie stellte Material bereit, sie sah den Kindern zu und erkundigte sich nach den jeweiligen „Vorhaben"; Bei weiterem Erzählen wies sie alle Kinder auf die „sichtbar" gewordene Geschichte hin und knüpfte daran an. Nach den vier Kindern, die mit der Ge-staltung angefangen hatten, beteiligten sich immer mehr, schließlich fast alle Kinder der ganzen Gruppe daran. Über ei-nen Zeitraum von drei Wochen gestaltete sich der Vormittag im Kindergarten so, daß zu irgendeinem Zeitpunkt immer ein Kind oder mehrere gleichzeitig an der Geschichte weiterbauten. Mehr und mehr Tische wurden „verbraucht", mehr und mehr Material wurde „entdeckt" und einbezogen, mehr und mehr Ein-schränkungen mußten die Kinder auf sich nehmen. Sie hatten nicht mehr genug Tische für ihre Frühstücksrunde oder für die Spiele, die sonst am Tisch gespielt wurden. Der Platz für andere Spiele war überhaupt eingeengt, und an Material fehlte es auch hier und da, weil es in die „Geschichte" eingebaut worden war. Aus dem fortlaufenden Erzählen und dem fortlaufenden Bauen wurde eine „Geschichte der Gruppe", die von allen „geschützt" und in ihrer ausgeschmückten Gestaltung erhalten bleiben sollte. Als die Geschichte von der Geburt Jesu, von den Engeln und Hirten, von dem Stall und den Tieren erzählt war, wurde sie an die vorangegangenen angebaut. Damit war der „miterlebte Weg" für die Kinder an seinem Ende angekommen. Die Erziehe-rin saß zum Abschluß mit den Kindern um die gebaute Ge-schichte herum. Es bedurfte keiner „Vertiefung", keiner „Zu-sammenfassung". Die Kinder wiesen auf einzelnes hin, was ihnen gefiel, was sie selbst gebaut hatten oder wovon sie noch einmal erzählten wollten. Damit war Weihnachten sozusagen durch ihre gemeinsame Arbeit „fertig" geworden, man könnte auch sagen „erfüllt" worden.

In allen drei Formen der Festvorbereitung und Festgestaltung erlebten die Kinder sich als Beteiligte an einer gemeinsamen Aktion, die einen bestimmten Zeitraum ausfüllte. Ob die Einzelnen aktiv, regelmäßig, mit vielen Ideen oder auch zurückhaltend und zaghaft daran teilgenommen haben, muß das Erlebnis als ein besonders hervorgehobenes nicht schmälern.

Festvorbereitungen und Feste machen es möglich, daß Kinder und Erwachsene sich selbst und gegenseitig anders erleben als in den vertauten Formen des Alltags.

Bei den geschilderten Vorbereitungszeiten auf Fastnacht oder Weihnachten konnten die Kinder ein hohes Maß an rücksichtsvollem Umgang mit der Arbeit anderer Kinder aufbringen, ohne es als „muß" zu empfinden. Sie konnten sich, um der ungestörten Vorbereitung willen, mit ihren sonst gewohnten Spielen einschränken. Sie entwickelten Ausdauer und Ideen bei der Gestaltung ihrer Vorstellungen und konnten an Ideen anderer Kinder anknüpfen. Die Erzieher waren weniger diejenigen, die zu Aktivitäten anregten, vormachten und zum Mitmachen aufforderten, als vielmehr diejenigen, die den „roten Faden" durch das Geschehen hindurch festhielten. Sie boten den Inhalt, den Gedankenhintergrund an, auf dem oder mit dem die Kinder nach ihren Fähigkeiten umgehen konnten.

Feste, die in jedem Jahr wiederkehren, lassen die Kinder ein Vertrautsein mit der Gruppe erleben: „Im vorigen Jahr haben wir das so gemacht!" Sie lassen die Kinder Flexibilität erleben innerhalb der mit Sicherheit wiederkehrenden Feier: „In diesem Jahr überlegen wir uns eine andere Form zu feiern." Kein Feiern im Kindergarten ist ausschließlich an vorgegebene Anlässe gebunden. Wenn Feiern für Kinder und Erzieher zu Zeiten besonders engen Zusammenlebens werden, zu besonders anteilnehmenden Begegnungen, zu besonders vertieftem Spiel, dann lohnt es sich, nach Anlässen für solche Erfahrungen zu suchen.

An dieser Stelle sei nochmals auf Lena Pougatch-Zalcman hingewiesen, die von einem Leben mit ihrer Kindergruppe berichtet, bei dem der Alltag von besonderen Ereignissen durchsetzt ist. Gleichgültig, ob sie mit ihren Kindern nach einem geeigneten Platz für das Puppenhaus sucht, um es in der richtigen Größe sowohl für die Puppe als auch innerhalb des vorgesehenen Platzes zu bauen (S. 15), ob sie sich mit den Kindern zusammen auf den immer wiederkehrenden Sabbat vorbereitet (S. 23), ob sie die üblichen Karten für Neujahr „schreiben" (S. 47) oder Hannukka, das jüdische Fest des Lichtes, in aller Ausführlichkeit vorbereiten (S. 77), ob sie mit ihren „Großen" eine Wand ausbessert, damit der „Verfall" des Hauses weniger auffällt (S. 34), ob sie mit den Kindern in der Gärtnerei ansieht, wie alle die Früchte wachsen, die sie täglich zur Nahrung brauchen (S. 49), oder ob sie sich voller „Ehrfurcht" eine große und bedeutende Bibliothek ansehen (S. 99), um dann „zuhause" in ihrem sogenannten Gann (Kindergarten) angemessene Regale für ihre Bilderbücher herzustellen, immer sind es Ereignisse, die die Kinder interessieren, die sie zusammenschließen, die sie an dem Leben der Erwachsenen beteiligen.

Sie lebte und arbeitete in den Jahren zwischen den zwei Weltkriegen auf diese Weise. Das ist lange her, aber ihre Grundeinstellung zum Umgang mit Kindern zwischen 3 und 6 Jahren hat bis heute an Aktualität nichts eingebüßt. In ihrem Bericht[8] wird nicht nur das Feiern als etwas Zusammenschließendes hervorgehoben, sondern auch das gemeinsame Bemühen, trotz und mit materiellen Einschränkungen zu leben – ein Erfordernis, das sich heute wieder als besonders aktuell aufdrängt –, um sie zu Anlässen, zu Anstößen für kreative Zusammenarbeit werden zu lassen.

---

[8] Lena Pougatch-Zalcman, Vorschulerziehung Konkret, a. a. O., s. Anm. 7.

7 Der Erzieher und seine erwachsenen Partner

1. Die Person des Erziehers

Die anspruchsvolle Aufgabe, das soziale Verhalten kleiner Kinder auf ein bestimmtes Ziel hin zu beeinflussen, leistet der Erzieher nicht als einer, der für seine Person ein solches Ziel bereits erreicht hätte. In vielen Einzelsituationen wird er aufgrund seiner Lebenserfahrung überhaupt und auch aufgrund seiner Erfahrungen im Umgang mit den Kindern sichere Entscheidungen treffen. In anderen Situationen wird er sein Reagieren auf Verhaltensweisen der Kinder erst bedenken und dann zu Entscheidungen kommen. Für die Kinder ist sowohl die eine als auch die andere Erfahrung im Umgang mit dem Erzieher wichtig. Wenn er der Mensch ist, der sich für die Kinder als ein Vorbild versteht, dann ist sein Handeln in der Spanne zwischen Mut zur Sicherheit und sensibler Unsicherheit genau das Handeln, was seinem Ziel am ehesten entspricht. Daß Kinder sein Handeln übernehmen, kann ihm seine Erziehungsaufgabe erleichtern und zugleich auch erschweren. Der Gedanke: „Nicht jede Handlungsweise muß ich jedem einzelnen Kind sagen und erklären, denn viele Handlungsweisen erleben die Kinder und übernehmen sie auch", kann zur Erleichterung beitragen. Der Gedanke: „Mein Handeln sollte so sein, daß die Kinder es übernehmen können und sich im Umgang mit anderen in die Richtung entwickeln, die dem gesetzten Ziel entspricht", trägt aber mit Sicherheit auch zur Erschwerung bei.

Für die Kinder ist der Erzieher in der Regel der, dem sie sich vertrauensvoll zuwenden, wenn sie der Hilfe, des Rates, der Zustimmung bedürfen. Das vermittelt dem Erzieher die Erfahrung: Ich werde gebraucht; die Kinder erwarten von mir die Fähigkeit, zu helfen und zu entscheiden, anzuerkennen und überhaupt Stellung zu nehmen.

Er ist aus der Sicht der Kinder aber auch der, dessen Urteil, dessen Forderungen, dessen Unnachgiebigkeiten sie vielleicht ein Stück weit verstehen, aber nur mit Mühe akzeptieren wollen und können.

Und auch diese Erfahrung hilft den Kindern, den Erzieher als einen Menschen zu erleben, der auf gleiche bzw. ähnliche Situationen nicht in gleicher, sondern in je entsprechender Weise reagiert. Das kann die sich entwikkelnde Fähigkeit, sich mit dem Erzieher auseinanderzusetzen, und die Sicherheit, seiner Verläßlichkeit zu vertrauen, unterstützen.

Alle Arbeit, die der Erzieher mit den Kindern leistet, leistet er „unter den Augen" seiner Kollegen, seiner Vorgesetzten, der Eltern und unter Umständen anderer Erwachsener in seiner Umgebung.

2. Mehr als ein Erzieher in der Gruppe

Zwei Erwachsene in der Kindergruppe stellen erhöhte Anforderungen an die pädagogische Arbeit mit den Kindern und bieten zugleich Formen der Entlastung und Erleichterung für jeden der beiden Kollegen an. Jay Adams[9] sagt von Kindern und Eltern: „Kinder brauchen vor allem Eltern, die einander lieben und miteinander zu leben verstehen. Das ist das kostbarste Geschenk, das Eltern ihren Kindern machen können." Für die beiden Erzieher in der Gruppe könnte das so lauten: „Die Kinder der Gruppe brauchen Erwachsene, die einander akzeptieren, wohlwollen und als Erzieher miteinander zu leben verstehen. Das ist der wichtigste Beitrag, den sie zu dem sozialen Lernen leisten können." Wenn die Fähigkeit, miteinander zu leben, für Eltern, die ja in erster Linie Partner sind, die sich geliebt und gewählt haben, schon keine Selbstver-

---

[9] Jay Adams, in: Wir zwei. *Ehe das große Geschenk*. Hrsg. von Marion Stroud, Brunnen Verlag, Gießen und Basel, 1982.

ständlichkeit ist, dann wird das für Erzieher, die sich
nicht unbedingt gegenseitig aussuchen, zu einer notwendigen Aufgabe. Die Absprache über das Ziel, das beide
anstreben, ist eine wesentliche Voraussetzung für ihre
gute Zusammenarbeit und ist unter Umständen mit nicht
einmal allzu großem Aufwand zur Übereinstimmung zu
bringen. Weit schwieriger wird sich die Absprache gestalten, gemeinsam akzeptierte Wege zu diesem Ziel zu finden. Die Einsicht, daß nicht nur ein einziger Weg zu
diesem Ziel führt, kann zu gegenseitigem Verständnis
und Gewähren von Andersartigkeit verhelfen. Wenn unterschiedliche „Stärken", die jeder der beiden in der Arbeit mit den Kindern einsetzen kann, nicht zu Neid und
Rivalität führen, sondern zu notwendiger und fruchtbarer
Ergänzung, dann erwächst den Erwachsenen und auch
den Kindern daraus eine soziale Bereicherung. Wo Konflikte, die unausweichlich sind, zu Lösungen herausfor-
dern und nicht als unbewältigbarer Bestandteil gemeinsamer Arbeit nur „ertragen" werden, ermöglichen sie
Lernprozesse, die nicht nur für die Erwachsenen selbst,
sondern auch für ihren Umgang mit den Kindern positive
Auswirkungen haben. Die Tatsache, daß der eine Erzieher das Handeln des anderen miterlebt und dazu Stellung
nehmen kann, muß nicht nur zu unliebsamer Kritik und
Unsicherheit führen. Gerade die Sicherheit: „Der andere
verhilft mir dazu, mein Handeln zu reflektieren", könnte
die eigene Arbeit entlasten. Wo das zu einer gegenseitigen
Gepflogenheit wird, kann die Entlastung auch in dem Bewußtsein bestehen, daß keiner der beiden Kollegen für
das Gelingen der Erziehung in die gewollte Richtung *allein* verantwortlich sein muß. Denkbar und möglich sind
solche Formen des Umgangs miteinander nicht nur da,
wo beide Erzieher in genau gleichem Maße Verantwortung tragen, sondern auch da, wo der Grad der Verantwortung unterschiedlich ist. Wo erfahrene und weniger
erfahrene Erzieher in einer Gruppe zusammen arbeiten,
hat beides seine Gefahr und seine Chance. Die Gefahr,
daß Erfahrung zu Verfestigung führen kann, läßt sich dadurch einschränken, daß aus Unerfahrenheit Handlungen

vollzogen werden, die zu Diskussionen führen. Die Gefahr, daß Unerfahrenheit vielleicht allzu große Ängstlichkeit oder auch allzu große Risiken mit sich bringen kann, wird ebenso gesehen werden müssen. Beides schließt die Chance ein, auf beiden Seiten eigene Einstellungen zu bedenken, sie zu begründen und zu vertiefen oder aber zugunsten einer gemeinsam gewollten Erziehung zu korrigieren.[10]

3. Erzieher und Eltern

Für die Kinder ist die Erfahrung beinahe lebenswichtig: „Die Erzieher akzeptieren mich mit meinen Eltern, die zu mir gehören; als Kind dieser Eltern." Dem Erzieher kann es nicht gleichgültig sein, wie die Eltern ihn als einen Partner bei der Erziehung ihrer Kinder einschätzen. Er braucht von den Eltern nicht nur die wichtigen Informationen aus dem bisher gelebten Leben seiner Kinder, aus dem gegenwärtigen Leben und dem daraus resultierenden Einfluß auf das Kind. Er braucht auch für sich selbst den Austausch, der zu gegenseitiger Anerkennung führt. In dem Maße, in dem der Erzieher sicher ist, seine Arbeit mit den Kindern vor den Eltern vertreten zu können, wird er die Eltern informieren und Anteil nehmen lassen. Er wird sie in seine Überlegungen einbeziehen und ihre Beteiligung wollen und zur Geltung kommen lassen. Ebenso wird ein Erzieher, der mit seinen Unsicherheiten umgehen kann, diese in den Austausch einbeziehen und damit vielleicht nicht weniger die Überlegungen, das Mitdenken der Eltern bewirken und zur Grundlage gemeinsamer Arbeit machen können.

Der Erzieher „hat" die Kinder während eines Teils des Tages und einen Teil ihres Lebens, der begrenzt ist. Das bedeutet ganze (nicht nur halbe) Verantwortung innerhalb dieser gegebenen Zeit, zugleich aber auch ein Stück Entlastung für die zu leistende Arbeit.

---

[10] Vgl. Helga Fischer, Teamarbeit im Kindergarten. (Reihe: Praxisbücher Kindergarten), Freiburg 1983.

Wo der Erzieher sich als jemanden sieht, der die Erziehungsarbeit der Eltern ergänzt, muß er nicht nur wissen,
was ergänzt werden soll, sondern muß das, was er an Ergänzung leistet, für die Eltern auch deutlich machen. Die
Eltern haben bereits erzieherische „Vorarbeit" geleistet.
Sie sind darüber hinaus diejenigen, die auch weiterhin an
der Erziehung dieses Kindes hauptverantwortlich beteiligt sind. Sie sollten ihr Anliegen, ihre Formen erzieheri-
scher Arbeit ebenso sichtbar werden lassen, damit Absprachen und Austausch überhaupt von einem Gleichgewicht
der Informationen ausgehen können.

Daß dabei nicht nur freundliche Übereinstimmungen
zutage treten, muß nicht sonderlich hervorgehoben werden.

Eltern ist es nicht ohne weiteres immer gegenwärtig,
daß der Erzieher sich jeden Tag auf die große Gruppe der
Kinder einstellen muß. Darum sind die Erwartungen in
bezug auf ihr eigenes Kind unter Umständen unangemes-
sen. Erzieher wiederum werden nicht uneingeschränkt berücksichtigen können, was Eltern außer ihrer Erziehungsaufgabe in ihrem Lebensbereich zu bewältigen haben.
Darum kann der Mangel an Interesse und Beteiligung an
dem, was im Kindergarten geschieht, sie entmutigen. Es
wird notwendig sein, das gegenseitige Bedürfnis, von dem
andern verstanden und anerkannt zu werden, zur Sprache
zu bringen. Nicht ein „Für-die-Kinder-Eintreten" gegen
die Erzieher und auch nicht ein „Für-die-Kinder-Eintreten" gegen die Eltern bringt die gegenseitige Abhängigkeit von Eltern und Erziehern zu positiver Auswirkung.
Eine fruchtbare Zusammenarbeit wird nur da möglich
sein, wo beide, Eltern und Erzieher, auf einer Einstel-
lungsgrundlage miteinander arbeiten, die den anderen
wissen läßt: Ich brauche dich, für mich und meine Person,
damit die Arbeit an dem Kind zu unserem gemeinsamen
Anliegen wird und dem Kind zur größtmöglichen Bereicherung seiner sozialen Fähigkeiten verhilft. Was den
Kindern im einzelnen von solcher Grundhaltung erfahrbar wird, läßt sich kaum einschätzen. Wie sie sich aber
auswirkt, ließe sich am ehesten in dem Wohlfühlen der

Kinder in der Gruppe und in ihrem unbekümmerten Erzählen zu Hause und im Kindergarten erkennen.

4. Erzieher und Träger

So wie die gegenseitige Information über den jeweiligen Anteil an der pädagogischen Arbeit mit den Kindern und die wechselseitige Anerkennung dieses je spezifischen Anteils für die Zusammenarbeit der Erzieher untereinander und mit den Eltern unerläßlich ist, so brauchen auch Träger-Vertreter und Erzieher den Austausch, der ihre Arbeit zu einer Zusammenarbeit werden läßt.

Für Träger, die einen Kindergarten finanzieren, ist es nicht schlechthin selbstverständlich, sich für die dort geleistete pädagogische Arbeit mitverantwortlich zu fühlen. Wenn Träger und Erzieher gemeinsam darüber sprechen könnten, welches Ziel denn im Kindergarten im Bereich des sozialen Lernens anzustreben sei, müßte dieses als ein „Lebensziel" deutlich gemacht werden, das allen gemeinsam vor Augen steht und an dem jeder zu seinem Teil und mit seinen Möglichkeiten für die Kinder arbeitet.

Obwohl vielleicht überflüssig, soll dennoch hier zum Abschluß noch einmal betont werden: Jeder kann da am besten leben und arbeiten, wo er mit seinen Fähigkeiten gesehen wird; wo er sich trauen kann, seine eigenen Mängel zur Sprache zu bringen; wo er den Mut und die Einfühlsamkeit zur Kritik und Korrektur an anderen aufbringt.

Nichts geschieht dabei von selbst. Jeder muß seinen Anteil dazu beitragen, mit Leichtigkeit, mit Mühe, mit Rückfällen und mit Enttäuschungen. Weder bei den Kindern noch bei den Erwachsenen werden es nur die großen Schritte sein, die eine Weiterentwicklung im sozialen Verhalten erkennen lassen. Die beachteten kleinen Entwicklungsfortschritte sind des Hervorhebens auch beim (nie fertigen) Erwachsenen wert und verhelfen zu einem Klima, in dem zu leben und in dem und an dem zu arbeiten den Einsatz aller Beteiligten lohnt.

Sachverzeichnis

praxisbuch kindergarten
Weitere Bände

Helga Müller / Pamela Oberhuemer
Die Welt, die uns umgibt
Erleben – begreifen – gestalten. 120 Seiten, dazu ein großformatiger Faltbogen, Bestell-Nr. 19327

Anschaulich zeigen die Autorinnen, wie Dinge, Geschehen, Menschen, Natur und Technik in einen persönlichen, sinnhaltigen Bezug zum Kind gebracht werden und liefern reiches Material für eine bewußt gestaltete Umwelterziehung mit vielen Erlebnismöglichkeiten für Kinder.

Alexander Sagi
Verhaltensauffällige Kinder im Kindergarten
Ursachen und Wege zur Heilung. 141 Seiten, Bestell-Nr. 19324

Mit aufschlußreichen Beispielen und der einprägsamen Darstellung heilpädagogischer Methoden befähigt dieses Praxisbuch Erzieherinnen, der wachsenden Zahl von verhaltensauffälligen Kindern individuell, früh und wirkungsvoll zu helfen.

Georgios und Sigrid Tsiakalos
Ausländische Kinder im Kindergarten
Ihre Umwelt, ihre Probleme, pädagogische Hilfen. 143 Seiten, Bestell-Nr. 19325

Die Autoren geben fundierte Informationen, um ausländische Kinder in ihrer nationalen Besonderheit zu verstehen. Gleichzeitig machen sie Vorschläge für die gleichwertige Förderung deutscher und ausländischer Kinder und für die Elternarbeit.

Gisela Hundertmarck (Hrsg.)
Leben lernen in Gemeinschaft
Behinderte Kinder im Kindergarten. Unter Mitarbeit von Inge Bardorff, Ursula Eisele, Susanne Harttung, Hedi Jantsch, Achim Kühne, Heidrun Nouisser-Wiebe, Johannes Pechstein, Christiane Polotzek, Margret Praecker, Ingrid Schult, Irmgard Wagner, Renate Wolff. 144 Seiten, Bestell-Nr. 19322

Informative Beiträge praxiserfahrener Autoren vermitteln Entscheidungshilfen und viele praktische Anregungen für Erzieher, die mit behinderten Kinder zu tun haben oder deren Integration versuchen wollen.

Lebensraum Kindergarten

Pädagogische Anregungen für Ausbildung und Praxis.

Hrsg. vom Ministerium für Kultus und Sport Baden-Württemberg unter Beratung der freien und kommunalen Trägerverbände der Kindergärten. Mit 86 ein- und mehrfarbigen Fotos und Abbildungen. 270 Seiten. Gemeinsam mit dem Verlag E. Kaufmann, Lahr. ISBN 3-451-19296-9.
Ausgabe Nordrhein-Westfalen: ISBN 3-451-19987-4.

„Lebensraum Kindergarten" stellt umfassend die Grundlagen für die pädagogische Arbeit im Kindergarten dar. Das Werk wurde erarbeitet von Pädagogen aus der Kindergartenpraxis und der Erzieher- und Lehrerausbildung auf der Basis umfangreicher Versuchsreihen im Elementarbereich. In seiner Konzeption geht es von einer ganzheitlichen Erziehung und Bildung des Kindergartenkindes aus. Die didaktischen Ansätze der einzelnen Schwerpunkte sind durch die Vielfalt pädagogischer Ausprägungen im Kindergartenbereich bestimmt. Erzieher im Beruf und in der Ausbildung finden in „Lebensraum Kindergarten" eine Fülle von Material.

Inhalt

Grundlagen – Schwerpunkte der Kindergartenpädagogik: Spielen – Soziales Lernen – Religiöse Erziehung (evangelisch – katholisch) – Sprechen und Sprache – Ästhetische Erziehung – Rhythmisch-musikalische Erziehung – Bewegungserziehung – Erfahrungen mit der Umwelt (Natur und Technik) – Verkehrserziehung – Pädagogische Hilfen für die Arbeit mit ausländischen Kindern im Kindergarten – Vom Umgang mit Kindern, die schwieriges Verhalten zeigen – Ausblick: Vom Kindergarten zur Grundschule.

Durch jede Buchhandlung erhältlich.

Verlag Herder Freiburg · Basel · Wien